ケア労働の配分と協働

高齢者介護と育児の福祉社会学

後藤澄江

東京大学出版会

Allocation and Co-Production of Care Work:
The Welfare Sociology of Children and the Elderly
Sumie GOTO
University of Tokyo Press, 2012
ISBN 978-4-13-056400-7

はしがき

　ケア労働とは，社会的存在としての人間を対象としておこなわれるものであり，受け手である個人に対しては，幸福と生活の質の向上をもたらすことが本来の目的である．一人ひとりの生命（いのち）と生活（暮らし）の維持にとって重要な労働であるばかりでなく，社会の維持にとっても重要な労働である．子どもが対象である場合には，私たちの社会の持続的発展の担い手を育成することに結びつき，また，高齢者が対象である場合には，人間の尊厳が大切にされる社会であることを私たち構成員が相互に確認するという意義を見いだすことができる．

　今日の日本において，高齢者介護や育児といったケアをめぐる諸問題は複雑化の様相を呈している．また，それらの解決に向けての方向性を示すことは緊急を要する課題である．かかる実情を反映して，ケアは研究や議論の対象として広く扱われるようになっている．しかし，近年のケアをめぐる研究や議論には，いくつか気になる点がある．

　第1は，ケア問題への統一的な分析枠組みが不在のままに，各論的な枠組みによるアプローチがなされている点である．このような対症療法的な手法のままでは，さらにケア問題が複雑化する将来においては，統一性を欠くケアシステムが構築され，混乱や不合理性が生じること，またそれを修復することが非常に困難になることが懸念される．

　第2は，公的機関や専門職によるフォーマルケアと家族や近所の人によるインフォーマルケアとの連携・協働の必要性が唱えられている一方，双方の連携・協働を促進するための研究や実践があまり活発でない点である．高齢者介護の分野に限っていえば，介護保険制度のもとでは，フォーマルケアの担い手にとっては，インフォーマルケアとの連携のあり方を模索することよりも，むしろ，専門性や効率性を向上させる方向性での議論や研究にインセンティブが働くようになっている．

　第3は，1990年代以降，社会科学においては，高齢者介護と育児はともに

ケアという名称で一括りされるようになっているにもかかわらず，介護分野と育児分野の議論や研究は離れたままである．近年，ひとり暮らし高齢者や認知症高齢者の見守り，また，子どもの育成や子育て家庭支援といったケアをめぐる多様な課題について，課題別・対象別ではなく包括的に，地域コミュニティを基盤として住民相互で取り組もうという動きが台頭しつつある．このような動きにケアの議論や研究は追いついていない．

　本書は，以上のようなケアをめぐる研究や議論の現状への問題意識を踏まえ，諸問題の全体構造を把握したうえで，ケアの統一的分析枠組みを提示するとともに，供給側面の問題解決に向けて必要な政策の方向性を見いだしたいという思いから執筆したものである．
　したがって，本書は，以下の3点を主な目的としている．

① 1980年代半ばから現在までの過去四半世紀に，高齢者介護や育児などのケアをめぐって生起した多様な問題を，ケアの労働としての側面から整理する．同時に，それらの問題の背景について，少子高齢化といった人口構造の変動，グローバル化のなかでの新自由主義的政策の進行，そして，家族をめぐる形態・機能の変貌といった視点から把握する．
② ケア労働について，筆者が過去に概念化した「生命再生産労働」という視点を適用したうえで，ケア労働（生命再生産労働）を家族領域と地域コミュニティ，行政や企業などの他の領域との間で，どのように配分・協働していったらよいのかという課題を把握するための統一的な分析枠組みを導出する．
③ 高齢者介護や育児の分野での，家族や地域コミュニティを基盤としたインフォーマルケアを支援するために日本が取るべき政策の方向性について提示する．提示にあたっては，筆者がこれまでに実施した調査研究の諸結果を踏まえる．それらは，インフォーマルケアへの支援をめぐる英国や韓国との政策比較，また，インフォーマルケアに対する住民意識調査，さらに，地域コミュニティを基盤としたケアの担い手のネットワーク構築におけるフォーマルとインフォーマルの協働の実態把握などである．

本書では，ケア労働について，受け手や社会という需要の側面からではなく，あえて，担い手という供給の側面に焦点をあて，問題の構造や政策の方向性を扱っている．これは，主要な供給領域間でのケア労働の配分と協働が促進されてこそ，あらゆる世代の生活の質の向上と人間の尊厳が大切にされる社会が実現できると考えているからである．

目　次

　　はしがき　i

序章　ケア労働の配分と協働をめぐって……………1
　第1節　背景と問題意識　1
　第2節　本書の目的と方法　4
　第3節　本書の構成と特色　7

第Ⅰ部
ケア労働の分析枠組み

第1章　生命再生産労働という分析視点…………15
　はじめに　15
　第1節　家事労働と生命再生産労働　15
　第2節　生命再生産労働とは　19
　第3節　生命再生産労働の4領域　22
　第4節　生命再生産労働の変容と女性　33
　おわりに　36

第2章　家族の生命再生産機能と情緒機能…………41
　はじめに　41
　第1節　家族の生命再生産機能と情緒機能　41
　第2節　都市への人口集中と核家族の増加　44
　第3節　高齢者介護と育児の問題の出現　46
　第4節　家族の個人化のもとでの家族機能　54
　おわりに　62

第Ⅱ部
日英韓の家族政策・地域政策

第3章　英国のケア労働の配分をめぐる変質と「家事労働」⋯ 67
サッチャー政権下のコミュニティケア政策

はじめに　67
第1節　英国福祉多元主義のもとでのケア供給　68
第2節　ケアをめぐる見解の相違　73
第3節　英国のコミュニティケアのあゆみ　75
第4節　高齢者ケア供給の構成変化と「家事労働」　79
おわりに　83

第4章　英国におけるコミュニティケアの推進 ⋯⋯⋯⋯⋯ 87
地縁型「地域労働」・市民型「地域労働」の再編をめざして

はじめに　87
第1節　地方自治制度の再編とパリッシュ議会の機能強化　88
第2節　大都市圏地域における地域住民組織　96
第3節　地域住民組織と行政との協働　99
おわりに　105

第5章　日韓のケア労働の配分と協働 ⋯⋯⋯⋯⋯⋯⋯⋯ 109
21世紀に入ってからの立場の逆転

はじめに　109
第1節　日本における家族の変容と家族政策　110
第2節　韓国における家族の変容と家族政策　116
第3節　日本における地方自治制度の再編と地域住民組織　122
第4節　韓国における地方自治制度の再編と地域住民組織　127
第5節　日韓の政策の逆転　132
おわりに　134

第Ⅲ部
ケア供給の担い手育成と協働

第6章　地域活動の実態と「家事労働」「地域労働」 …… 141
名古屋市調査の結果から

はじめに　141
第1節　近隣での人と人との付き合い　142
第2節　共同性をはかる指標としての地域活動への参加　144
第3節　「地域労働」への期待　152
第4節　「家事労働」「地域労働」の社会的・経済的評価　155
おわりに　161

第7章　地域を基盤としたネットワークとケア労働 …… 165
「家事労働」と「地域労働」との協働の促進に向けて

はじめに　165
第1節　地域コミュニティでの「子育て支援ネットワーク」　166
第2節　地域コミュニティでの「高齢者ふれあいネットワーク」　174
第3節　「家事労働」と「地域労働」の協働の促進に向けて　179
おわりに　182

あとがき　185
文　献　191
索　引　199

序章
ケア労働の配分と協働をめぐって

第1節　背景と問題意識

　今日の日本社会はさまざまな福祉問題に直面している．解決しなければならない課題も多い．振り返ってみると，1990年代初頭のバブル崩壊以降，右肩上がり経済の終焉，人口構造の少子高齢化に伴う地域社会の活力低下，市場経済のグローバル化の進展による企業の国際競争の激化，国内産業の空洞化，企業経営の合理化方針などがみられてきた．また，そのような動きのもと，リストラや派遣労働者の増加など，生活面や雇用面にしわ寄せを及ぼす問題が次々と生起した．

　2008（平成20）年秋のリーマンショックという米国発金融危機によって景気が垂直落下して以降，日本経済は本格的な景気回復ができない状態が続いている．そして，2011（平成23）年3月11日に発生した東北地方太平洋沖地震とそれに端を発した原子力発電所の事故という未曾有の出来事によって，福祉問題の解決はさらに難しくなるのではないかと懸念されている．

　さて，現代の福祉問題は，上記のような，市場経済のグローバル化への対応としての新自由主義的な経済政策への移行や人口構造の少子高齢化などの社会変動が相まって生起していることはいうまでもない．しかし同時に，家族・地域コミュニティ[1]が個々人の生活支援や心理的安定の機能を果たしえなくなっていることも問題を深刻にしている．

　国家と個人の間に存在する中間集団[2]としての家族・地域コミュニティは，その形態や機能を大きく変容させてきた．過去において，すなわち，今日のような近代化・都市化・グローバル化といった社会変動が生じる以前の時代にお

いては，家族・地域コミュニティは個人の自由を制限したり抑圧したりする側面をもっていたことは否定できないが，一方，個人に対して生活支援や心理的安定をもたらす機能を強くもっていた．

　日本社会において意識レベルでの近代化・個人化が進むなかで，時期的にはおおよそ20世紀半ば以降，家族や地域コミュニティが個人にもたらす制限や抑圧の側面を排除すること，あるいは，排除できない場合には家族・地域コミュニティそのものを否定することにより力点が置かれてきた．裏返せば，家族・地域コミュニティが果たしていた生活支援や心理的安定の機能が弱体化をみせた．しかし，そのような機能が弱体化することを懸念する声は小さく，そのような機能の大切さを指摘する主張は関心を集めなかった．すなわち，家族・地域コミュニティの個人からの「剥奪」の言説より，家族・地域コミュニティからの個人の「解放」の言説の方が歓迎されてきたのである．

　そのような社会的な意識や価値のありようと並行して，実態としても，家族の福祉機能の弱体化や地域住民相互の社会的なつながりの希薄化が進行した．その間においては，人びとの関心は，右肩上がりの経済成長に支えられた物質的な豊かさや生活の利便性向上を享受することに向かい，社会変動に伴って進行する家族・地域コミュニティにおける福祉機能の弱体化や人間関係の希薄化への問題意識は低いままであった．その背景のひとつには，右肩上がりの経済発展とそれに伴う税収入の増大基調があげられる．すなわち，「自助領域（自分や家族の努力によるもの）」や「互助領域（近所の住民が互いに助け合うこと）」が弱体化するのを補完あるいは代替するものとして，行政による「公助領域（行政機関など公の組織によって助けること）」や市場が供給する商品・サービスが広がることで，人びとの生活の安定性がある程度維持できたのである[3]．

　ところが，財源や効率性の観点から，「市場の失敗」を補完する役割を果たすものとされてきた政府の限界や失敗が次第に明らかになるにつれ，弱体化した自助領域や互助領域の見直しが求められるようになっている．国民一人ひとりの生活を支えるための政府の責任と役割の再構築も，依然として重要な課題であることはいうまでもない．同時に，現代の福祉問題の解決の方策を検討するにあたっては，家族・地域コミュニティをめぐる社会的な価値や意識の実態

を踏まえたうえで，新しい家族政策や地域政策のあり方を再考することも重要なことであると考えられる．

　家族・地域コミュニティから失われつつある福祉機能，すなわち生活支援や心理的安定の機能への関心が再び戻り始めている．とはいえ，家族・地域コミュニティを構成する個人も，また，それらを包摂する政府（国および地方自治体としての都道府県と市町村）も，高度経済成長，人口構造の少子高齢化やグローバル化などを経て，大きく変わっている．高度経済成長期以前の家族・地域コミュニティの果たしていた福祉機能をそのまま取り戻そうと考えるのは現実的でない．家族・地域コミュニティの受け皿は縮小している．それゆえ，福祉問題の解決の場として，家族・地域コミュニティを再生するためには，21世紀的な家族・地域コミュニティをめぐる新しい理念・理論の構築や家族・地域コミュニティによる福祉機能の遂行を支援する政策や実践の展開が不可欠となっている．今日的な言葉で言えば，家族・地域コミュニティと政府との協働や交渉のあり方を展望していくことが求められている．

　ただし，ここで，家族と地域コミュニティそれぞれの福祉機能をめぐる近年の言説や実態に目を向けてみると，両者の対照的な側面が浮かび上がる．

　子どもの扶養における金銭的負担額という視点，そして，高齢者介護や育児などのケア労働の供給量という視点で分析してみると，子どもや高齢者の「いのち」と「暮らし」の維持にとって，家族は地域コミュニティと比べ，大きな役割を果たし続けている．しかし，親による乳幼児や児童への虐待，夫婦間暴力（DV），そして，家族介護の現場での高齢者虐待など，家族の福祉機能は再生への道が展望されないままに，負（マイナス）の福祉機能がクローズアップされている．

　一方，地域コミュニティの福祉機能については，その再生を展望する言説や新しい実践が多く見いだせる．日本各地での，地域コミュニティを基盤としたボランティア活動の活性化やNPO法人の設立数急増などに加え，社会学，社会福祉学や行政学などの学問分野においても，地域コミュニティの再構築に結びつく可能性を秘めた新たな理念や理論枠組みが提示されている．地域福祉の主流化，ソーシャル・キャピタル論やソーシャル・ガバナンス論の台頭も，このような潮流の一環としてとらえることができる．しかし，実態としては，近

所づきあいや町内会などの地縁的な地域住民組織による互助活動の衰退傾向にはなかなか歯止めがかかっていないし，また，地域コミュニティでのボランティア活動やNPO法人による取組が子どもや高齢者へのケア供給量に占める割合は，家族と比べてみると小さい．

したがって，福祉問題の解決の場として，家族・地域コミュニティを再生する方向性を見いだすにあたっては，それらと政府との協働のあり方を展望するとともに，家族と地域コミュニティの両者の協働の実現をどのように描くのかについての筋道も求められる．そして，家族と地域コミュニティの2つのシステムが，どのように相互に規定もしくは補完するのかという視点も不可欠である．

第2節　本書の目的と方法

今日の日本において，高齢者介護や育児といったケア労働の配分と協働のあり方へのビジョンを示すことは緊急を要する政策課題である．本書は，その課題へのひとつの回答とそれを引き出したプロセスについて記述している．

したがって，本書の目的のひとつは，1980年代半ば頃から進行した社会変動に関連して引き起こされてきた，日本におけるケア労働の配分と協働をめぐる変容の実態と課題について，明らかにすることである．加えて，高齢者介護や育児の領域で生じている課題の解決に向けて，家族・地域コミュニティに焦点をあてて，家族と地域コミュニティの両者間，および，家族・地域コミュニティと政府との間での新たな協働のあり方を展望することもめざしている．さらに，これらの作業を通して，これからの家族福祉や地域福祉における，ケア関連の政策立案や事業企画に貢献しうる分析枠組みやデータを提示することも意図している．

結婚した女性にとって育児と仕事が二者択一であるような社会状況に疑問を抱き，筆者が，大学院に再入学して高齢者介護や育児を含む家事労働の研究に着手したのは，四半世紀以上も前の1980年代前半のことである．しかし，修士論文執筆のために，家族内役割分担や家事労働をめぐる多様なアプローチからの先行研究を整理するにつれ，高齢者介護や育児の担い手問題は，家族内で

の男女による性別役割分担の不平等性を告発するだけでは，本質的な課題解決に結びつかないことに気づかされた[4]．

そこで，行政や地域コミュニティなど，家族外の諸領域で遂行される高齢者介護や育児の実態把握にも取りかかることにした．それらの作業を通して，家族内および家族外で遂行される高齢者介護や育児の労働としての側面を同じ土俵で表現できる分析枠組みが必要となった．

まず，高齢者介護と育児は，ともに「生命再生産労働」であるとみなしたうえで，生命再生産労働について定義した．高齢者介護と育児は，社会的存在としての人間を中心に考えれば，「人類の永続のために新しい生命を誕生させ養育することを目的とした労働，および，子どもから高齢者まであらゆる世代の人間の生活や人生を対象として，日常活動のなかで喪失した生命エネルギーを補填し，生命を持続かつ活性化させることを目的とした労働」，すなわち，生命再生産のための労働であると考えたからである[5]．

つぎに，家族内および家族外での高齢者介護や育児の担い手に着目すると，それらの担い手が所属する典型的な領域として，家族，地域，行政，企業の4つが理念型として抽出された．そこで，それぞれの領域で遂行される介護や子育てなどの生命再生産労働を，それぞれ「家事労働」「地域労働」「公務労働」「企業労働」と命名して，生命再生産労働の下位概念とした．

1990年代に入り，英国の社会政策関連の学会への出席や文献を収集するなか[6]で，筆者が導出した生命再生産労働と概念が一部重なるものとして，ケア労働（care labor）やケアワーク（care work）という用語が使用されていることを把握することができた[7]．加えて，福祉をめぐる新たな責任分担のあり方を意味する"welfare pluralism（福祉多元主義）"や"welfare mix（福祉ミックス）"にも関心を抱いた．また，高齢者介護や育児を表現する"care"に"mix"が加わった"care mix（ケアミックス）"という言葉を含んだ"elderly care mix（高齢者介護のケアミックス）"や"child care mix（育児のケアミックス）"などをめぐる議論や分析に頻繁に出会うことになった．ここでも，類型化した生命再生産労働の領域間（下位概念間）の連携を分析したいという筆者自身の問題関心は，福祉多元主義，福祉ミックスやケアミックスという研究の流れに位置づくことが理解できた．

英国での福祉多元主義，福祉ミックスやケアミックスをめぐる議論は，大きくは2つの立場が見られた．ひとつは，福祉サービスやケアの供給において，政府のみではなく，家族，ボランタリー領域や民間領域もその金銭的および身体的責任を分担するべきという，マクロ次元での新しい規範を示すものとして議論の俎上に乗せられる場合である．もうひとつは，ケア供給も含め社会保障・社会福祉の領域で生じている変容の経験的事実を分析するため，新たな枠組みとして扱われる場合である．その後，前者の立場からは，高齢者介護や育児の金銭的負担のあり方や担い手問題を社会保障や社会政策の文脈の中で考察する必要性の示唆を受ける一方，後者の立場からは，概念化した生命再生産労働と4つの下位概念を用いて，高齢者介護や育児などのケア労働を実証的に分析していくことの有効性を確認することができた．

しかし，1990年代初頭の英国の福祉多元主義の分析枠組みでは，ケア供給の4つのセクター（領域）が，「政府セクター（法定セクター）」，「民間セクター（営利セクター）」，「ボランタリーセクター（非営利セクター）」，「インフォーマルセクター（家族セクター）」として設定されたことから，筆者の問題関心である地縁型住民組織が遂行するケア労働が，日本の場合についても，英国の場合についても抜け落ちてしまうのではないかと懸念された．一方，筆者の分析枠組みでは，英国の福祉多元主義の分析枠組みに含まれる「ボランタリーセクター（非営利セクター）」の位置づけが曖昧であることにも気づかされた．

これらのことにより，筆者が導出した「地域労働」を，さらに，地縁型と市民型の2つに類型化することで，日本についても英国についても，町内会・自治会（日本）やパリッシュ（英国）など地縁型住民組織による地縁型「地域労働」とボランティア団体・NPO法人（日本，英国）による市民型「地域労働」の双方を視野に入れることができるようになった[8]．

したがって，本書の目的である，変わる家族に対応したケア労働の配分と協働についての分析枠組みを提示することや政策上の課題を探索することは，以下の1)–3)の方法・作業を踏まえたものである．

1) ケア労働についての関連研究のレビュー，および，家族と地域コミュニティに関する各種の事例調査結果や質問紙調査結果を踏まえ，ケア労働

（生命再生産労働）の配分と協働について動態的に分析できる枠組みを導出した．
2) ケア労働の再編を意図した家族政策・地域政策が「家事労働」や「地域労働」へ及ぼす影響を把握することを目的とした英国や韓国での諸調査，また，国内では名古屋市での市民意識調査や事例調査の諸結果について，1) で導出した枠組みを土台として分析をおこなった．
3) 2) の分析結果を用いて，ケア労働の配分と協働の枠組みを活用することの有効性を確認するとともに，ケア労働の場である家族・地域コミュニティを支援するための政策の方向性，また，家族と地域コミュニティの相互補完や相互規定の実態について考察した．

第3節　本書の構成と特色

本書は，序章を別にすると全7章であり，内容的には，以下の3部構成としている．

第Ⅰ部　ケア労働の分析枠組み

第1章および第2章においては，ケア労働（生命再生産労働）の分析枠組みを提示するとともに，その導出プロセスで明らかにされる要点についても記述する．

第1章では，まず，本書のキーワードであるケア労働について，「生命再生産労働」として定義する．つぎに，生命再生産労働に4つの下位概念，すなわち，「家事労働」「地域労働」「公務労働」「企業労働」を設定する．なお，「地域労働」については，さらに「地縁型」と「市民型」の2類型に分けることとした．そして，それらを，担い手の労働を支える論理や労働にともなう金銭的報酬・負担の有無などの視点から比較することによって分析枠組みを導出した．

分析枠組みの導出プロセスにおいて，1980年代に入って以降，4つの領域の生命再生産労働がどのように連関しながら変容しているのかについても明らかにしている．明らかにされた点として，第1に，「家事労働」は生命再生産労働を単独で遂行する側面を弱め，家族外の「公務労働」「企業労働」「地域労

働」と連関して遂行する側面を強めたことである．第2に，「地域労働」は市民型が新しい形態として台頭したことである．第3に，家族外へと移行した「公務労働」や「企業労働」といった生命再生産労働には，専門性・効率性などのそれぞれの領域の論理が付与されたことである．

第2章では，家族の主要機能は，「生命再生産機能」と「情緒機能」であるという筆者の立場から，それぞれを定義する．また，近年の家族研究の前提となっている家族の個人化論について，家族の生命再生産機能と情緒機能の視点から，検討を加える．

かつては，家族における情緒機能は生命再生産機能のなかに埋め込まれていたが，「家事労働」が家族外の生命再生産労働と連関を強め，生命再生産機能の遂行がそれらに制約される側面を強めるとともに，家族の生命再生産機能から情緒機能が分離されたこと，また，いまでは，個人レベルでは生命再生産機能より情緒機能のほうが重要な機能として意識するようになっていること，さらに，家族の個人化は結婚の個人化に比べると進んでいないこと，などが明らかにされている．

第Ⅱ部　日英韓の家族政策・地域政策

第3章から第5章までは，第Ⅰ部で導出した枠組みを土台として，英国や韓国での家族・地域コミュニティの再生を目的とした諸政策がケア労働の配分と協働に与える影響を分析するとともに，それらが日本に示唆する諸点についても記述している．

第3章および第4章で英国を事例として取り上げたのは，英国はサッチャー政権下で，日本より一足早く「公務労働」の抑制に踏み出した一方，日本と異なって，「家事労働」や「地域労働」を強化あるいは支援するための政策を継続的に打ち出しているからである．本書の分析枠組みを活用することの有効性を確認するとともに，家族政策・地域政策における日本への示唆も記述する．

まず，第3章では，英国のコミュニティケア政策を事例として，当該政策と「家事労働」との関連を分析している．サッチャー政権下でのコミュニティケアに焦点をあてて振り返るのは，ケア労働の供給における政府の役割，すなわち，「公務労働」のあり方をラディカルに変更した一方，フォーマルな社会政

策によって，ケア労働の供給領域としての家族やボランタリーセクターの再構築を支援していくことを開始したからである．

また，第4章では，英国の基礎自治体とその下位単位である地域コミュニティの再構築，それと相即して展開された地域政策を対象として，当該政策と地縁型「地域労働」および市民型「地域労働」との関連を分析している．英国では，コミュニティケア政策が進行するなか，地域住民組織を媒介として，対人サービス供給への全住民の関与を強める方策を試みている．英国の福祉多元主義による4領域設定のみでは「地域労働」の全容が抜け落ちてしまうが，本書ではケア労働の分析枠組みを用いることで，英国における，パリッシュなどの地縁型「地域労働」とボランタリー団体などの市民型「地域労働」についての共通点と相違点を記述することができた．

第5章では，高齢者介護や育児などのケア供給の視点からみて，どのような家族政策や地域政策が求められているかについて，日本と韓国を比較しつつ検討している．家族・地域コミュニティなどのインフォーマル領域でのケア供給をフォーマルな政策によって支援するという方針の打ち出しにおいて，英国に比べ，日本と韓国はともに消極的である．しかし，日本と韓国を比べてみると，21世紀に入ってから，韓国は急速にインフォーマル領域でのケア供給を支援する政策の展開が見られ，その立場が逆転していることが明らかとなった．

第Ⅲ部　家族・地域コミュニティでのケア供給

ここでは，名古屋市をはじめ国内での諸調査の結果を踏まえ，日本における高齢者介護や育児などのケア労働の担い手育成と協働の促進についての課題を述べた．家族・地域コミュニティでのケア労働が担い手にとっても受け手にとっても充実したものになるためには，家族・地域コミュニティそれぞれの領域でのケア労働の論理が尊重される形での，適切な政策支援が不可欠であることを指摘した．また，家族と地域コミュニティの間でのケア労働の相互補完を進めることが難しくなってきているが，その隘路を抜け出るための方向性として，NPOや専門職の役割などについて述べた．

第6章では，地域活動やケアをめぐる意識と実態を分析することで，フォーマルな政策による「地域労働」や「家事労働」の支援をめぐる留意点を記述し

た．そこでは，名古屋市と共同で実施した質問紙調査の結果を主なデータとして使用している．また，ケア労働の社会的・経済的評価をめぐって，世代とジェンダーの差異が見られることから，担い手への適切な評価が必要であることも指摘した．

最後に，第7章において，子どもの虐待防止と高齢者の見守りという今日的課題を対象として構築されつつあるネットワークの実態を分析することで，家族・地域コミュニティに対する政策のあり方，また，家族と地域コミュニティの両者間でどのような方向でのケアの配分と協働がなされるべきかについて述べた．

本書の特色として，以下の5点をあげることができる．

第1は，ケア労働の分析視点として，福祉多元主義や福祉ミックス論の枠組みを借用するのではなく，ケア労働を「生命再生産労働」として定義したうえ，その4つの下位概念を導出し，それらを用いて分析枠組みを提示している点である．この分析枠組みによって，高齢者介護と育児を同じケア労働（生命再生産労働）として考察すること，家族内で遂行されるケア労働を家族外でのそれらと関連させて把握すること，ならびに，ケア労働の担い手と受け手との関係性などを分析することができる．

家族福祉や地域福祉の分野では，高齢者介護と育児をともに包括するとともに，フォーマルケアとインフォーマルケアの協働を促進するケアシステムの構築が求められている．しかし，高齢者福祉，児童福祉や保育といった既存の分野からは，研究上でも実践上でも，そのようなシステムを構築しようとする動きは出にくい．そのようななか，本書での分析枠組みは，高齢者介護と育児のケア労働としての共通点を見いだすことで，それらを包括的に供給する必要性を裏付けるものとなっている．

第2は，高度経済成長期以前には，生命再生産労働の大半は家族内で「家事労働」として遂行されていたという認識から，家族内から家族外へと生命再生産労働が移行する要因を把握するため，家族の生命再生産機能と情緒機能の分析をおこなっている点である．

第3は，家族・地域コミュニティでのケア労働，すなわち「家事労働」と

「地域労働」に対する家族政策・地域政策の影響を重視している点である．そのため，サッチャー政権以降，「家事労働」と「地域労働」の再編を意図した家族政策・地域政策に取り組んでいる英国を事例として分析を加えている．

第4は，分析枠組みの「地域労働」については，近隣・町内会などの地縁型住民組織による地縁型「地域労働」とボランティア団体・NPOなどのテーマ型住民組織による市民型「地域労働」の2類型を設定している点である．「地域労働」をさらに2つに類型化することで，どちらか一方の視点が抜け落ちることを回避できるとともに，双方の類型による協働について展望することが可能である．

第5は，ケア労働をめぐる意識や実態の分析において，ジェンダーと世代の視点を組み込んでいる点である．ケア労働についての評価については，ジェンダーと世代の差異が見いだされるため，ケア労働の担い手の育成に向けた政策や実践構想を描いていく際には，この点を配慮していくことが重要である．

1) 現代社会では，地域コミュニティや地域社会は重層的に存在している．本書では，特定のレベルの範域を示す必要がある場合以外には，近隣，町内，小学校区，中学校区程度までの小地域を範囲とした地域社会を意味するものとして，「地域コミュニティ」を使用している．一方，近隣から中学校区，さらには市町村，都道府県といった多様なレベルの地域社会を意味する脈絡においては「地域社会」を使用している．
2) 社会学における中間集団という概念は，国家と個人の間にあって，「公」と「私」を媒介している家族，地域コミュニティや職業集団などをさす．ただし，家族については，個人と同じ「私」に属するものとして，中間集団に含めない場合もある．
3) 上記の注2）の説明とも関連するが，「補完性の原則」や「自助—互助—公助」をめぐる議論において，欧米の場合，家族は互助領域に位置づけるのに対し，日本ではこれまで，家族を自助領域に位置づけるのが一般的である．
4) 拙稿「『家事労働』の社会学的考察——現状と展望」（修士論文（名古屋大学文学研究科），1988年3月，未公刊）を参照．
5) 「生命再生産労働（life reproduction labor）」の定義については，第1章で詳述しているが，ここでの「生命」は，生物体としての生命の再生産の側面にとどまらず，社会的存在としての生活の再生産の側面を含むものとして使用している．上田敏は「英語の"life"という語は日本語の『生活』とは一対一で対

するものではない．Life とはまず①生命，であり，ついで②生活，そして③人生，一生という意味を持っている」(1983：48-49) と述べているが，本書での「生命」は，上田の整理による①-③までを射程に入れたものである．
6) 筆者は，1991（平成3）年4月から9月にかけ英国ノッティンガム大学ソーシャルワーク学部に客員研究員として滞在したが，その間に，英国社会政策学会などに参加する機会が与えられた．
7) 英国の家事労働研究の流れとしては，1970年代初頭までは，家事（housework）と主婦（housewife）のポートレートを描くことであった．それが，1970年代半ばから1980年代初頭にかけて，マルクス主義経済学の影響を受け，用語は，それまでの"housework"から"domestic labor"へと変化し，家事労働と資本主義との関係分析に比重が移行した．それが，1980年代になると，社会政策からの影響を受けるようになった．時間差はあるものの，筆者もほぼ似通った研究の重心の移行を辿った．
8) 地縁型「地域労働」については，当初は共同型「地域労働」と命名したが，その後，改名した．

第Ⅰ部
ケア労働の分析枠組み

第1章
生命再生産労働という分析視点

はじめに

　本書におけるキーワードであるケア労働という言葉には，「生命再生産労働」の意味合いを込めている．生命再生産労働という用語は，「家族という場でもともと遂行されていた高齢者介護や育児などを家族の内外でどのように担っていくべきか」という問題意識をもとに，家事労働（domestic labor/household work）の再編の方向性を見出すために，筆者が1990年代初頭に導出したものである．さらに，生命再生産労働の下位概念として，「家事労働」「地域労働」「公務労働」「企業労働」を設定している．

　筆者はこれまで，生命再生産労働と4つの下位概念を枠組みとして，家族変容と高齢者介護や育児などのケア労働との関連を分析するとともに，ケア労働をめぐる政策のあり方への考察を加えてきた．

　本章では，ケア労働の分析視点である生命再生産労働という概念を導出した背景やプロセスを説明する．具体的には，生命再生産労働の定義，その下位概念としての4つの領域別の生命再生産労働の定義づけや実態，それらの近年の連関の動き，生命再生産労働を中心に担ってきた女性の位置づけなどについて述べる．

第1節　家事労働と生命再生産労働

1　家事再編をめぐる議論

　1980年代は，高齢者介護や育児などを含む家事・介護・育児の再編の必要

性が浮上した時期であった．なお，当時の日本では，掃除・洗濯・買い物・食事の準備と後片付けなどの狭義の「家事」とともに，高齢者介護や育児などの家族内での対人サービスを総て含めて，家事もしくは家事労働という用語を使用することが一般的であった．家事労働から高齢者介護と育児といった対人サービス部分を取り出し，家族員以外の担い手によって供給される高齢者介護サービスや育児サービスと共通する言葉として，ケアもしくはケア労働という用語の使用が一般化したのは，1990年代に入ってからである（後藤，1992)[1]．

1980年代に家事再編の必要性が浮上した背景には，いくつかの理由があった．ひとつは，家族形態の変容と家族規模の縮小が生じるなか，高齢化率が上昇したことで高齢者介護の担い手問題が浮上したことがある．また，既婚女性の職場進出の増加などによる都市の核家族における子育て問題への関心の高まりもあった．さらには，1979年に国際連合第34回総会で採択，1981年に発効，日本は1985（昭和60）年に批准した「女性差別撤廃条約」において「性による役割分担の克服」が掲げられ，「男は仕事，女は家庭」という家庭内性別役割分担を問い直すことが求められたこともあった．

加えて，当時の日本政府は，高齢者介護の需要量の増大を見越して，家事労働の再編構想を打ち出したこともあげられる．それは，いわゆる「日本型福祉社会論」であった．日本型福祉社会論は，日本の家族は高齢者介護や育児の受け皿を縮小しつつあったにもかかわらず，その家族を福祉の含み資産とみなした点，また，対人サービス分野への企業の参入に積極的であった点などが批判を集める結果となった[2]．

一方，高齢者介護や育児について，上記の政府による上からの再配分を意味する日本型福祉社会論と対峙する視点を備え，個人や家族による下からの再編を意図する議論も活発となった．それらは，「家事役割分担の男女間での再編」と「家事労働の社会化」という2つの方向性である．そして，これら2つの方向性の議論を支えた研究上の蓄積としては，前者は，アメリカ社会学から影響を受けた家族役割分担論であり，後者は，マルクス主義フェミニズム論や経済学分野での再生産論である．

2　家事と社会規範・社会構造

　社会科学において，私的領域のものとして，研究や評価の対象とされにくかった家事もしくは家事労働が，それを社会との関連のなかで把握する理論枠組みが必要であるという認識が台頭するのは，欧米では1960年代以降のことである．

　その背景には，①米国での「第二次女性解放運動」の台頭，②高度先進資本主義システムにおいて生産性上昇率が鈍化したことにともなう資本主義の危機認識から出発した生活世界への注目，③欧米諸国での家族の動揺の結果としての家事の社会問題化，などの現象の出現を主な契機として考えることができる．

　米国の家族社会学において，家事労働はそれまで，既婚女性の担う「家事役割」（housework role）として，構造機能主義アプローチを基盤とした家族役割論の脈絡内で扱われていた．その背景には，家事役割は表出的役割であり，女性は男性より表出的次元において優位しているので家事役割を担うのは当然という立場のもと，核家族を対象として家族の役割構造を分析したタルコット・パーソンズの枠組みが存在していた（Parsons and Bales, 1955）．

　しかし，固定的な性別役割分担を前提とする家事労働の説明は，1960年代のフェミニズム運動のリーダー的存在であるベティ・フリーダンによって，女性を家庭という「居心地の良い強制収容所」に閉じ込める現代の性差別であるとの告発を受けた（Friedan, 1963）．加えて，アメリカ家族が形態面や意識面で急激に変容するなか，家族や家族役割を静態的なものとみなす見方への批判が高まった．そして，固定的な性別役割分担が動揺している実態を動態的に分析するため，新たに交換理論アプローチや社会化理論アプローチなどによる家族役割論の再構成が試みられた．

　交換理論アプローチによる家族役割論は，ロバート・ブラッドとロナルド・ウルフを代表とする夫婦の勢力関係分析を土台として発展した（Blood and Wolfe, 1960）．このアプローチでは，夫婦の勢力関係は学歴・収入・職業上の地位など個人属性と親の属性といった資源に規定されるという立場をとる．また，家族を夫と妻とによる利害集団とみなし，夫と妻の間での報酬の交換，すなわち権利と義務の交換関係で家族内の役割分業を説明する．したがって，夫と妻が保有する相対的資源の推移によって，夫婦間の役割の互換性が可能であ

るという前提のもと，妻が労働者として職業役割を拡大し，家族の社会的・経済的地位の上昇に貢献するのに並行して，夫のほうが家事役割を拡大すると考えられた．

　また，社会化理論アプローチの源泉には，人の行為の主体性を重視する象徴的相互作用論の役割理論が存在する．このアプローチによれば，女性が家事役割を受容するのは，社会全体の文化に基づく規範やイデオロギーが，男性と女性を異なった仕方で社会化した結果であるとして，家族内の性別役割分業が説明される．したがって，内面化する社会の規範やイデオロギーが変容すれば，夫と妻との相互作用や交渉によって，新しい家族役割分業体系を創造することが可能であるとした．そして，家事役割分担の男女間での再編にとっての社会の規範やイデオロギーのあり方を俎上に載せたのである．

　他方，家事労働を経済学の労働理論を土台として社会構造内に位置づけようとした試みは，日本において，「主婦の担う家事労働の経済的評価（＝家事有償化）」を論点とする昭和30年代の第二次主婦論争にまでさかのぼることができる．さらに，欧米において1970年代初頭以降，資本主義システムにおける家事労働の経済的評価や賃金労働と家事労働の関連への関心の高まりのなかから，マルクス主義を土台とする労働経済学者やフェミニストを中心として，家事労働をいかに資本主義システム内に位置づけるかの論争が盛り上がった．そして，分析のための理論枠組みがいくつか提示された．日本でも，上野千鶴子の『家父長制と資本制』の刊行によって関心を集めたマルクス主義フェミニズムは，家父長制概念と生産様式概念の統合，すなわち二元システム論の相互関連を問うことによって，女性を抑圧する資本主義体制下の家事労働について解明しようとした[3]（上野，1990）．

　その後の推移をみると，交換理論アプローチや社会化理論アプローチによる家族役割論の再構成という試みは，社会構造との関連を問う姿勢が弱いという限界を備えていた．交換理論アプローチについては，夫婦それぞれが保持する相対的資源は，家族内の役割関係が流動化して均衡点に至るプロセスを決定するうえで重要であるという指摘は的を射ていたものの，家事役割は妻にとって「義務」であるのに対し，夫にとっては「任意」であるという社会規範がネックになることへの言及はされていなかった．

また，社会化理論アプローチの枠組み通りには進まないことは，意識レベルの変容のみでは家事役割の男女間での再編に結びつかないことは，過去20年ほどの日本で，「男は仕事，女は家庭」という性別役割分担をめぐる意識の変化は進行したにもかかわらず，男性の家事参加時間が横ばいにとどまっている例から明らかにされている[4]．

さらに，マルクス主義フェミニズムの家事労働概念は，家族固有の集団特性，たとえば，家族内の受け手と担い手の関係性などが視野に含まれていないこともあり，家事労働をめぐって生じている問題群の全体像を把握できる枠組みとはなりえなかった．したがって，家事労働をめぐる現実問題を説明でき，マクロ次元とミクロ次元の双方からその変容を把握できる枠組みが必要であった．したがって，その創出をめざして，「生命再生産労働」という概念を導出した．

第2節　生命再生産労働とは

1　生命再生産労働の定義および性格

生命再生産労働とは，広義には，社会的存在としての人間を対象として「人類の永続のために新しい生命を誕生させ養育することを目的とした労働，および，子どもから高齢者まであらゆる世代の人間の生活や人生を対象として，日常活動のなかで喪失した生命エネルギーを補塡し，生命を持続かつ活性化させることを目的とした労働」であり，縮約すれば，「生命（いのち）と生活（暮らし）の再生産のための労働」を意味する．また，生命再生産労働は，受け手である個人に対しては，幸福と生活の質の向上をもたらすことが本来の目的である．

また，生命再生産労働は，食べ物を作ったり衣服の手入れをしたりという「消費財生産」次元と，子どもや高齢者の世話をしたりという「対人サービス労働」次元との2つの次元に分けてみることが可能である．

さらに，生命再生産労働は，その恩恵によって生命や生活を維持できる人間個体にとって重要な労働であるばかりでなく，社会の維持にとっても重要な労働である．子どもが対象である場合には，社会の持続的発展の担い手を育成することに結びつき，また，高齢者が対象である場合には，人間の尊厳が大切に

される社会であることを確認するという意義を見いだすことができる．

　生命再生産労働については，家族員がその担い手として期待されるかどうかは時代によって異なり，過去には社会内の抑圧された層が担い手となっていた．一方，現在では，家族外での生命再生産労働には専門性が付与され，専門職が担い手となる分野が拡大している．したがって，生命再生産労働について論じる場合，その労働を受ける側に立つか，それとも労働を担う側に立つか，あるいは社会全体を対象とした政策的視点からみるかで，論点や評価が異なることに留意する必要がある．

　では，過去において，この労働の担い手に対する社会的評価を低めてきた理由はどこに見いだせるのか．第1に，消費財生産次元の生命再生産労働においては，食料や衣料など非耐久的なものが多いゆえに生産物が蓄積しないこと，第2に，対人サービス次元の生命再生産労働においては，生物体としての人間個体を労働対象とするため，担い手は他者の要求にしたがわざるをえない不自由な労働となりがちであり，労働効果が労働の受け手と分離できないこと，第3に，家族内で遂行される部分は，市場を介さないゆえに私的活動とみなされて社会的評価から排除されがちであることなど，この労働の性格によるものと考えられる．

2　社会的評価の推移と消費財生産

　歴史をさかのぼってみると，生命再生産労働にはどのような社会的評価が与えられてきたのだろうか．

　たとえば，古代ギリシャにおいては，生命再生産労働のみが労働を意味し，それはほとんどが家族内においておこなわれる奴隷的な活動であった．古代ギリシャにおいては，人間的活動に，「労働」「仕事」「行為」の3つの型があった．そこでは，仕事は道具制作的活動であり，道具を利用して消費財と異なる耐久的事物をつくる活動であった．また，行為は仕事が用意した物的な共通の事物を土台にして，人と人との公共的関係を運営する活動を意味した．それに対し，労働は，人間が自然的＝生物的な存在であるゆえに必ずおこなわねばならない活動を意味し，不自由性のゆえに卑しいものとされ非人間的な奴隷的なものとみなされていた[5]．

近代に入ると，産業化にともなう市場（企業）の発展により，生命再生産労働のうちおもに消費財生産次元に関連するものは，生産性の低い領域を除いて，しだいに家族内から家族外の市場へと移行した．近代の資本主義経済システムのもとにおいては，交換価値をもち量的測定の対象となる市場領域での労働のみが労働（賃労働）とみなされるようになった．また，労働の尊厳イデオロギーが生みだされて労働の社会的地位が上昇し，近代の労働概念は古代ギリシャ的意味での行為や仕事をしだいに溶融した．こうして，消費財を生産することも，耐久的事物をつくることも，人と人の関係を調整・運営することも，それが市場領域でおこなわれる活動でありさえすれば，労働として同様な剰余価値基準で評価される状況が生みだされたのである．ただし，社会的な評価の高低としては，労働（賃労働）の内部に「労働＜仕事＜行為」というギリシャ的なヒエラルキーは，その後も残存がみられた（今村, 1988）．

　さらに，家族から市場へと場を移行させた消費財生産のための労働は，分業の進展にともない生産過程が細分化され，その労働の遂行者が，生命再生産のための労働をおこなっているという意識をもつ機会は薄れた．こうして市場における消費財生産は，生命再生産労働としての側面は消え去り，むしろ剰余価値を生みだすことを目的とした生産労働および賃労働としての側面が強まった．21世紀の今日においては，調味料から衣服まで消費財生産次元は，ほぼ市場（企業）によって担われており，生命再生産労働としての側面をとらえることが難しくなっている．そして，高齢者介護や育児といった対人サービス次元の生命再生産労働が，家事労働の中心に座るようになったのである．したがって，以下では，高齢者介護と育児を中心とした対人サービス労働次元に絞って生命再生産労働のことを論じている[6]．

3　諸領域での対人サービスの登場

　高齢者介護や育児という名によって家族内に残された生命再生産労働（以下，「家事労働」と記述），また，相互扶助や助け合いというかたちでの近隣を基盤とした生命再生産労働（以下，「地域労働」と記述）は，情緒的な私的活動として近代の労働概念から除外された．にもかかわらず，近代化・産業化の進行とともに，「家事労働」の場合，市場での生産労働を担う労働者の再生産を効

率よくおこなえるよう再編され，市場や国家からの要求に規定される度合を強めることになった．したがって，「家事労働」は，生命再生産労働であると同時に，市場や国家が無償で活用できる生産労働としての側面を少なからず含むようになったのである．

　日本では，高度経済成長の進展とともに，「家事労働」や「地域労働」として生命再生産労働を遂行する基盤であった家族・親族・近隣などの領域が弱体化をみせた．戦前資本主義は，「家」という制度や集団志向の社会規範の存在を背景として，家族・地域共同体などの領域を労働者再生産のための対人サービス労働の遂行の場として，まさに無償で活用することができた．それに比べ，戦後資本主義は，労働者の移動性を高めるなど，自らの市場の拡大が家族・地域コミュニティなどの領域を破壊せざるをえないという矛盾に直面した．したがって，資本主義を維持するためにも，家族・地域コミュニティ以外の領域での対人サービス労働の供給が必要となり，その供給を促進する福祉国家による関与への期待が高まった．その結果，公的機関での高齢者介護や育児などの生命再生産労働を拡大させた（以下，「公務労働」と記述）[7]．また，消費財生産次元での主要な担い手としてその位置づけを高めつづけてきた市場（企業）は，さらなる拡大のために産業構造がソフト化・サービス化するなか，対人サービス労働次元の供給にも参入するようになった（以下，「企業労働」と記述）．

第3節　生命再生産労働の4領域

　1980年代半ばから現在に至るまでの過去四半世紀の日本に焦点をあててみると，概念化した4領域それぞれでの生命再生産労働はどのように変わってきたのか．「公務労働」「企業労働」「地域労働」それぞれをめぐる変化を述べるとともに，「家事労働」とそれらの変化はどのように連関しながら推移してきたのかについて把握する．それらを踏まえ，4領域間の連関も視野に含んだ生命再生産労働（ケア労働）を動態的に分析できる枠組みとして，表1-1を導出している．

表 1-1　ケア労働（生命再生産労働）の分析枠組み

下位概念としての領域別労働	ケア労働（生命再生産労働）				
	「家事労働」	「地域労働」		「公務労働」	「企業労働」
		地縁型	市民型		
労働の担い手	別居の場合も含む家族員	地縁関係にある近所の人や町内会員など	ボランティア，NPO活動者など	公務員	会社員
担い手の労働を支える論理	家族固有の愛情や権威，共同体的な互酬性	共同体的な互酬性	市民的な互酬性	憲法25条（生存権の保障）	個別企業の経営理念と利潤の追求
ケア労働の供給の場	個別家庭内	近隣や町内会などの地域コミュニティ内の施設もしくは個別家庭内	公的施設内もしくは個別家庭内	経営施設内もしくは個別家庭内，近年は公的施設内も含む
労働の担い手が受ける金銭的報酬	無償	無償，その代わりに「労働のお返し」を期待	無償もしくは有償．有償の場合でも，企業労働と比べ，低報酬	税金から支払われる給料	個別企業を通して支払われる賃金
労働の受け手が支払う金銭的負担	無料	無料，その代わりに「労働のお返し」が必要	無料もしくは有料．有料の場合でも，企業労働に比べ，低価格	所得制限がある場合は無料もしくは低額，一方，対象を普遍化すると応能負担や応益負担に移行	個別企業が設定するサービス利用価格
1980年代半ば以降の過去四半世紀における供給面での変容ポイント	世帯形態の変容や担い手の不在によって，供給量は縮小	地縁型は衰退傾向，一方，21世紀のゼロ年代は，NPO法などにも後押しされて市民型の供給増加，地縁型再評価の動き	供給量の増加に歯止めがかかり，「公設民営」「民設民営」という方式での供給へ移行	需給の両サイドから，その拡大に向けての動きが活発化

1 地方行政改革と「公務労働」の抑制

「公務労働」の拡大と抑制

日本において,「公務労働」が本格的に展開されるようになったのは,「社会福祉施設の緊急整備5カ年計画」が中央社会福祉審議会の答申を受けて制定され,特別財政措置がとられた1970年代初の「基盤整備」「拡充発展」期である(古川,1998).そこでは,対人サービス労働次元における「公務労働」の拡大への歩みが始まった.しかし,すぐに石油ショックを契機とした福祉見直しが議論されるようになったことで,十分な基盤整備が実現しない前に,「公務労働」の拡大をめぐっては反対意見も提出されるようになった.

加えて,1980年代に入ると,米国のロナルド・レーガン大統領や英国のマーガレット・サッチャー首相などのもとで,新しい政治的・経済的立場が台頭した.日本も中曾根政権によって同様な路線が採用され,個人主義的な自由に最大の評価基準をおき,市場万能論を唱える新自由主義=新保守主義の潮流が強まった.また,「臨調行革」や「地方行革」というかたちで,福祉政策の転換すなわち政府や地方自治体による財・サービス供給や保護・保障機能の縮小が進められた.それまでに形成された生活権の保障主義的な施策が否定され,「公務労働」の担い手を含む福祉部門の職員の人事管理強化や削減さらには民間委託などが進められはじめたのである.

こうした「公務労働」の抑制への動向を理論的に推進したのは,ソフトノミックス論者であった[8].彼らは,生活の質の向上や心の豊かさを重視するソフト化社会においては,「公務労働」は選択性と効率性の低いゆえに人気が衰えるものとみなし,それが削減されることを歓迎した.そして,公私の役割分担論が主張されるようになり,「公務労働」は市場原理を重視する「企業労働」にとって代わられるべきと主張した.

それに対し,行政法,公共財政,社会福祉などの研究者たちのなかから,企業主義的な効率性論にたった「公務労働」の削減は,それまでの公共性概念の転換に結びつくものとして深刻に受け止める見方が提出された.たとえば,成瀬龍夫は,1980年代における行革や地方行革は,住民の利益と権利の私的個別的性格を強調して,行政の責任と役割につながるような社会性と共同性を否定しようとするものであり,1960年代から1970年代前半にかけて達成された

公共性概念の民主主義的転換に対する再転換の意味をもつものであると論じた（成瀬，1989）．また，里見賢司は，資本主義社会における生活の社会化の進展は，社会的扶養の側面を不可欠とし，客観的には社会福祉サービスが公的責任において提供される必要性が増している点を指摘し，行政が効率性をあたかもそれ自体として独立した政策運営の基準として「公務労働」の削減や民営化を推進することを批判した（里見，1989）．

しかし，人口構造の少子高齢化の進行，バブル崩壊による財政見通しの悪化や高齢者介護をはじめとしたケア関連サービスに対するニーズの多様化も加わり，生命再生産労働の供給において，民営化を促進する流れを止めることはできなかった．1990年代に入るとさらに加速されることになった．この時期，国民負担率という言葉が浮上したことも，生命再生産労働に占める「公務労働」の割合を抑制させる動きを加速させた[9]．

国民負担率と「公務労働」

日本の国民負担率（租税＋社会保障負担／国民所得×100）が，1975年の25％から1990年に入ると40％近くに上昇をみせた．それによって，1990年代に入ると，その上昇が国民の間でどこまで許容されるかが懸念されるようになった．当時，スウェーデンについて，高齢者介護分野や育児分野の「公務労働」が充実している「福祉先進国」として紹介される一方，その国民負担率は7割を上回っているという数値が示された．政府もマスコミも，「スウェーデンなど北欧のような高福祉高負担型の社会と米国のような低福祉低負担型のどちらがよいか」という，給付と負担をめぐる二者択一の選択肢を国民に対して提示するようになった．そのようななか，橋本政権期に国民負担率は5割を上回らないようにすべきというキャップがかけられた[10]．

2000年代に入ると，小泉・安倍政権期に経済政策における新自由主義，すなわちネオリベラリズム改革にもとづいて，「公務労働」の削減と「市場労働」の拡大の動きがさらに促進された．

たとえば，日本の保育所での保育サービスは，2000（平成12）年「保育所の設置認可に係る規制緩和」によって設置主体の制限が撤廃され，公設公営型から公設民営型へ，さらには民設民営型へと重心を移行させることが可能とな

った.「公務労働」に従事する保育士・利用者・地域住民などが一体となった反対の動きなどもあり，その移行の程度は各自治体の政策方針による差異がみられるが，21世紀のゼロ年代において，保育サービスの供給に占める「公務労働」の割合の低下がもたらされたことは明らかである[11].また，2000年4月に開始された介護保険制度では，在宅介護サービスの供給主体として，営利法人やNPO法人（特定非営利活動法人）など多様な主体の参入を認めたことで，量と質の両面で「公務労働」の位置づけに影響をもたらした.

2　新自由主義改革のもとでの「企業労働」

「企業労働」の促進要因

資本主義は，利潤を得られるならばありとあらゆるものを市場化させていく本性をもっている（Braverman, 1974）.かつては生産性が低いゆえに企業が対象としなかった対人サービス労働次元においても，次々と「企業労働」の進出がみられてきた.

1980年代には，家族規模の縮小や女性の家族外進出にともなう「家事労働」の補完・代替への需要増，生活支援を必要とする単身世帯の増加，子どもの成績への関心の増大にともなう教育サービスへのニーズの多様化など，家族や人びとの意識や価値の変容も，「企業労働」の増加への促進要因になったと考えられる.

また，ダニエル・ベルの議論によれば，この現象の根底には，情報化・サービス化という技術—経済的変化があったものとも考えられる（Bell, 1976）.さらに，レギュラシオン理論の視点にしたがえば，企業と企業を支持する国家が，グローバル化・高度情報化の流れのなかで低成長下の高蓄積をめざし，利潤追求の新たな領域を求めて再生産領域に侵入し，サービス労働の需給の両サイドの構築に努めてきた結果であるという見方もできる（山田, 1993）.

「企業労働」の光と影

対人サービス労働次元における「企業労働」の進展は，「家事労働」の担い手の負担を軽減，あるいは高齢者介護や育児のサービス供給量の不足を補完する可能性を備えている．また，企業が提供する専門的な対人サービス労働の豊

富化は，人びとの利便性や生活の質の向上をもたらすことができる．一方，「企業労働」の進展は，その変化に見合った，国家による「給付と規制」（武川，2007）の再構築がなされない場合，新たな福祉問題を引き起こすことが懸念される．

　第1は，「企業労働」の利用は，当然のことながら個別家族の所得によって，賄われ限界づけられているという点である．これは，所得階層による生命再生産労働の質をめぐる格差を拡大する方向に導くことになる．また，「家事労働」の補完・代替を最も必要とする層が，金銭上の問題によって，「企業労働」を利用できない場合がある．

　第2は，「企業労働」の供給の決定権は個別企業にあるため，その供給量や労働の質は，当然のことながら，労働の受け手の必要性あるいは労働の担い手の意図より，企業側の利潤追求原理に沿っておこなわれる点である．すなわち，人びとが必要としている対人サービスであっても，効率性が悪い領域であれば後回しにされるし，利潤が急減すれば切り捨てられてしまう場合がある．

　以上の2点は，21世紀のゼロ年代において，高齢者介護分野や育児分野での「企業労働」が拡大するなか，単なる杞憂に終わるのではなく，現実の問題となっている．

3　新しい形態の「地域労働」
地縁型の「地域労働」の衰退

　「地域労働」は，近代以前から存在する対人サービス労働次元の生命再生産労働の一形態であるが，「公務労働」の存在の有無や地域コミュニティそのものの構造や機能の変貌につれて，その性格は時代とともに異なってきた．

　村落的生活様式のもとでの「いのち」と「暮らし」の維持には，「家事労働」を補完するために，家族（世帯）と家族（世帯）の間での地縁をもとにした高齢者介護や育児における助け合い，いわゆる，「地域労働」が不可欠であった．このような村落的生活様式のもとでの無償の「地域労働」の基層には，フェルディナント・テンニースのいうところのゲマインシャフト的な伝統的・共同体的な互酬性の論理が埋め込まれていた．しかし，都市化・産業化にともなって浸透した都市的生活様式のもと，地域コミュニティ，および，そこでの伝統

的・共同体的な互酬性の論理は弱まり，それにもとづく，すなわち地縁型の「地域労働」を維持することは次第に難しくなった[12]．そして，専門的な「公務労働」や「企業労働」がそれを代替していくことになった．

市民型の「地域労働」の台頭

日本では，「地域労働」は完全に消滅したわけではなく，伝統的・共同体的な互酬性という論理を修正した形で，都市の地域コミュニティ内のゲゼルシャフト的な活動・運動を通して再発見されることとなった．そして，1960年代から1970年代にかけて，それまでの伝統的・共同体的な互酬性の論理とは異なった新しい形態として，いわゆる市民型の「地域労働」を生み出すための，地域活動や住民運動の台頭がみられた．高度経済成長にともなう急激な都市化や生活手段商品の大量生産—大量消費の進展による都市生活の歪みが顕在化したなか，地域コミュニティを直接の舞台とし，子育ち・子育て支援などのニーズを共有するものが中心となって，生活者および市民の視点で生活関連サービスの開拓をめざしたものである．共同保育所運動や学童保育所運動などがその代表例である．

1980年代から1990年代にかけては，都市の市民型「地域労働」はさらなる展開をみせた．新たな形態としての市民型「地域労働」は，1970年代には，その労働の受け手の側のニーズによって生みだされたが，1980年代に入ると，その労働の担い手の側の自発性を発揮できる新しい働き方として，注目されるようになったのである．

国際婦人年以降，政治意識を高め，社会参加の場で実力を向上させながらも，性別役割分業の壁に直面した女性たちは，地域コミュニティという生活の場の変革をめざす担い手となった．地域コミュニティに新しい労働の場づくりをめざす家事介護ワーカーズ・コレクティブや地域コミュニティの高齢者介護を支えるための住民参加型在宅福祉サービス提供団体などが，高齢者介護サービスや育児サービスの担い手として各地に創出されたのである．ここでは，「地域活動」に市民活動やボランティア活動としての側面も付加されることになった．

市民型の「地域労働」への相対立する評価

　佐藤慶幸は，テンニースの『ゲマインシャフトとゲゼルシャフト』(Tönnies, 1887) を引用しながら，ゲゼルシャフトは最終的な社会形態ではなく，身分制的な関係を乗り越えて，自由な自立した人びとの間の相互信頼にもとづく人格的な互酬的関係としての社会形態であるゲノッセンシャフトの方向を展望する．そして，それこそが市民社会の人間結合の基本的な関係であると述べている．また，互酬性については，一対一でのお返しが期待される互酬性の慣行を理由なく破った者には制裁が加えられるといった伝統的・共同体的な拘束的互酬性に対し，今日のボランティア活動は，人々の自由意志にもとづく循環的な相互扶助の精神にもとづくもので，そうしなければ社会的制裁を受けるというものではない自由な互酬性であるとして，自由な互酬性による「地域労働」に期待を寄せている（佐藤，2007）．

　しかし，このような 1980 年代以降から今日に至る，ボランティア活動も含めた市民型「地域労働」の台頭については，上記の佐藤のように，人びとの自由意志にもとづく下からの自発的な動きとして高い評価を与える場合もあれば，上からの政策の意図的な流れの一環とみなして，慎重な姿勢を求める場合もある．

　市民型「地域労働」が活性化している現状について，具体的に示されている懸念や批判はいくつかあるが，そのひとつは，互助・共助を強調して「公務労働」の割合を削減するという時代精神に沿ったものではないかという懸念である．また，「公務労働」の割合の削減に結びついた場合には，憲法 25 条を根拠とする国家による社会権の保障への軽視を引き起こすのではないかという批判もある．加えて，対人サービス労働を安上がり労働に追いやる危険が大きいのではないかという指摘などである．

　仁平典宏は，新自由主義的な社会編成と共振するという観点からなされるNPO・ボランティア活動に対して向けられる批判について，条件の水準では，公的な福祉サービス削減の前提条件とされる問題と，システムに適合的で統治可能な主体の創出のために活用されるという問題が指摘され，帰結の水準では，社会的格差の拡大とセキュリティの強化という帰結と一致するという問題として整理している．そのうえで，その共振を回避するポイントについて検討を加

えている（仁平，2005）．

新しい公共と「地域労働」

市民型「地域労働」についての評価は難しい課題であるが，「地域労働」による生命再生産労働の供給が21世紀のゼロ年代に増加傾向を辿ったことは事実である．1998年12月に導入された，いわゆるNPO法（特定非営利活動促進法）は，新しい形態の「地域労働」を遂行する組織・団体のNPO法人化を促進させ，その確立・拡大にとっての追い風となった．「保健・医療又は福祉の増進を図る活動分野」のNPO法人数は，内閣府のホームページによれば，2011（平成23）年12月末時点で2万5000を上回っている．

介護保険制度によって，NPO法人は営利法人と同様に，居宅介護サービスおよび居宅介護支援事業への参入が認められた．訪問介護や通所介護，各種地域密着型サービス，在宅介護支援などの在宅介護サービス供給の全体量にNPO法人が占める割合（シェア）は数％台にとどまっているとはいえ，その事業所数は増加を続けている[13]．

21世紀に入って，新しい公共という理念が台頭するとともに，それに沿った政策や実践が展開されるようになった．そこでは，「地域労働」は，地縁型も市民型もともに，公共（パブリック）の一端を担うという位置づけを与えられた[14]．そして，「公務労働」へのアドボカシー（権利擁護）や対抗といった従来の視点よりも，むしろ，「公務労働」と主体的に協働して公益を実現することが重視されつつある．

加えて，今日の「地域労働」は「コミュニティ・ビジネス」とどのように折り合いをつけるかも課題となっている．コミュニティ・ビジネスは，経済産業省などの後押しもあってゼロ年代になってから注目されている．そこでは，ビジネスのしくみを活用しつつ，雇用の場や新しい成長産業を創出する一方，「公務労働」の代替として高齢者介護や育児などの地域課題を解決することへの期待が寄せられている．また，指定管理者制度，構造改革特区や市場化テストといった制度との関係性も深い（細内，2010）．コミュニティ・ビジネスの推進において，地域住民やNPOの参加・協力が想定されていることから，ビジネス的転回も求められる「地域労働」は「企業労働」との垣根が低くなりつ

つある.

4　家族外の生命再生産労働と「家事労働」
「家事労働」の位置づけの変容

　近代産業社会以前においては，世界各地において，社会全体の生命再生産労働に占める家事労働の重要性は高かった．しかし，近代化・産業化の進展とともに，家事労働は家族外で生産される食料品や衣料品などの生活手段商品を購入─消費するという側面が広がりをみせた．その後，高齢者介護や育児といった対人サービス労働次元の生命再生産労働が，家事労働の中心に座るようになったのである．さらに今日においては，対人サービス労働次元においても，「家事労働」のみで完結することは少なくなり，家族員以外の担い手によって，家族の内と外の場で供給される「家事労働」以外の形態の生命再生産労働との連関を強めているのである．

「家事労働」をめぐる課題

　生命再生産労働の今日的変容のなかで，高齢者介護や育児といった「家事労働」はどのような状況にあるか．具体的な分析は他章で記述するが，ここでは考察を深めるべき課題をいくつか整理しておくことにしたい．
　第1は，「家事労働」の家族内の性別役割分担の実態である．家族内の性別役割分担をめぐって，意識面では変化が生じ，「家事労働」は「家族員が共同で担うべき」あるいは「男女が平等に分担すべき」と考えるものが増えつつある．しかし，多数の家事時間調査の諸結果によれば，夫婦間での育児時間の配分の実態変化には結びついていない．一方，高齢者介護については，高齢者を含む家族形態の変容が，これまで生命再生産労働の担い手としての経験の少ない男性の参加を徐々に推し進めている．育児においては，男性の育児参加の促進が依然として大きな課題である一方，高齢者介護においては担い手となった男性介護者支援が新たな課題となっている．
　第2は，「家事労働」の担い手の負担感についてである．「家事労働」以外の形態の「公務労働」や「企業労働」といった生命再生産労働が拡大したことによって，「家事労働」が補完・代替されるようになったことは，個別家族内に

おける高齢者介護や育児の担い手の負担感の軽減や受け手にとってのサービスの向上に結びついていることが想定される。しかし，高齢者を介護する家族介護者の負担感や母親の育児負担感についての諸調査の結果から判断する限り，その負担感の軽減のテンポは遅々としている。「家事労働」を政策の課題とする場合，主観的負担感が軽減されにくい背景にある要因を押さえておくことは不可欠である。

　要因のひとつは，「家事労働」には家族情緒が絡んでいることである。「家事労働」は「感情労働」（アーリー・ホックシールド）の側面を含むことから，家族内の高齢者介護や育児に含まれる情緒的側面に，家族員相互が主観的にどのような意味付与をおこなうかによっても負担感が異なる（Hochschild, 1983；1989）。「家事労働」の担い手が受け手とのやり取りを自らの愛情表現としてとらえている場合，「公務労働」や「企業労働」に移行した部分の愛情の穴埋めとして付加的な労働を創出することになり，負担感の軽減に結びつかないこともある。したがって，「家事労働」支援を家族政策として展開する場合など，担い手の主観的な負担感の軽減を政策効果の尺度として用いるのは難しいため，他の客観的尺度を開発する必要がある。

　第3は，「家事労働」は「公務労働」「企業労働」や「地域労働」といった家族外の生命再生産労働を評価し，動員し，獲得することを通して遂行するといった管理（マネジメント）側面を強めてきたことが，担い手にどのような影響を及ぼしつつあるかについてである。たとえば，2000（平成12）年4月からの介護保険制度の導入とともに，介護保険を利用する高齢者の場合，同居家族がいる場合でも，家族員以外の介護支援専門員（ケアマネージャー）が居宅サービス計画（ケアプラン）の作成を通して管理するようになっている。在宅ケアの現場において，同居家族と介護支援専門員のどちらが要介護高齢者の生命再生産労働の管理者なのか，愛情と専門性の間での新しい課題が発生している。

　第4は，経済格差が強まるなか，そのことが個別家族の「家事労働」，とくに次世代の育児における量と質の格差を引き起こすことへの懸念である。「企業労働」の拡大と多様化は，個別家族による生命再生産労働の選択性を高めている一方で，個別家族にとって，「企業労働」などの獲得費用は増大している。したがって，個別家族の「家事労働」と家族外の生命再生産労働の組合せの違

いは経済階層の影響を免れない．

第4節　生命再生産労働の変容と女性

1　担い手としての女性
生命再生産労働が遂行される領域の拡大

　近年の生命再生産労働の領域間調整の動向は，担い手と受け手の両者の立場から，この労働にかかわってきた女性にも影響を与えている．

　産業化・近代化が進行するなか，生命再生産労働のうち，家族内に残された対人サービス労働次元の「家事労働」を遂行することを期待されたのは女性であった．家族の外での労働は，労働時間以外には労働者を解放するのに対し，乳幼児や要介護高齢者への対人サービスとしての「家事労働」は，労働の担い手を24時間必要とする．とくに，都市の核家族においては，男性は「生産労働」，女性は「家事労働」と，職場と家庭とに空間を二分する形で男女の性別役割分担が成立したことから，女性は主婦という名で24時間の「家事労働」に拘束され，空間的・心理的に不自由な存在にとどめ置かれることになった（Oakley, 1974）．つけくわえていえば，この時期に呼応した生命再生産労働側面におけるフェミニズムの要求が，24時間労働からの解放の手段として，女性の「家族外労働への進出」あるいは「家事労働の社会化」として提出されたのは当然のことであった．

　「公務労働」や「企業労働」の出現および拡大は，その労働を受ける側面に目を向ければ，家族内の女性を24時間の労働拘束から解放するのに寄与し，女性の社会参加の拡大や家族外労働への進出を可能とした必要条件のひとつとしてとりあえず評価される．しかし，その労働を担う側面に目を向けて分析してみると，どのようなことが見えてくるのだろうか．

　生命再生産労働を供給する各領域において，労働の担い手はおもに女性である．「公務労働」が拡大をみせた時期においては，公務員労働者である女性が，公立保育園の保育士として，また，公立病院の看護師や保健所の保健師として，さらに，訪問介護の公的ヘルパーとして，次々とその労働の担い手となった．現在では，過半数近い女性が育児期中断・再就職というM字型の就労意識を

保持していることと，高齢者介護サービスや育児サービスの分野に参入する企業側が派遣労働者やパート労働者というフロー型人材を必要としていることが相まって，女性による「企業労働」の遂行が増加している．前節で指摘したように，これまでおもに「公務労働」が担っていた保育や高齢者介護の領域への「企業労働」の進出が生じているなか，高齢者介護や育児関連の企業で働く女性が増加しつつある．

さらに，地域コミュニティでは，「生活者としての視点」をもって，身の回りの出来事から政治や行政へと関心や発言力を強めながら活動を続けてきた女性たちが，NPO 法人やコミュニティ・ビジネスを立ち上げ，高齢者介護や育児の分野で新しい形態の「地域労働」を創出する動きが，21 世紀のゼロ年代には目立った．

領域の多様化と担い手としての女性

生命再生産労働の変容を労働の担い手の側面に注目してみると，家族内から家族外の労働へと進出した女性の多くが，行政や企業において対人サービス労働を担っている状況が明らかとなる．こうした動向について，以下のような点が指摘できる．

まず，労働を担う場が，家族内から家族外の公的機関や企業に移行することで，生命再生産労働が無償労働中心から有償労働中心へと変化した点である．このことは，有償労働の枠が広がることでマクロ面での経済効果に貢献したこと，また，賃金が支払われることで担い手の生命再生産労働が経済的に評価されるようになったこと，その結果として，労働に標準化や専門化が求められるようになったことなどを意味する．

もうひとつは，家族外での生命再生産労働を供給する領域の多様化は，その労働を担う立場からみるとき，賃金水準あるいは賃金における性差別，物理的側面での労働時間や労働の軽重，精神的側面での情緒的満足や自己実現，さらに労働にともなう社会的評価などについて，領域間での比較の視点を生みだすことになる点である．

たとえば，「公務労働」は，財政状況や政策方針に左右されやすいという欠点もあるが，「地域労働」や「家事労働」と違って有償であること，「企業労

働」に比べて労働の場における男女の賃金差別を排除できる可能性が高いことなどの長所が指摘できる．一方，「地域労働」や「家事労働」は，担い手と受け手の間の人間関係の構築に寄与すること，情緒的満足を得やすいことなどの長所があるが，男性が無償労働を担う条件が無い場合には，女性のみがこの労働に縛られてしまい，性別役割分担を再生産する場にとどまる危惧が残る．さらに，「企業労働」は，経済的報酬を受け取ることができるものの，労働の自己コントロールができにくいこと，受け手との人間関係よりも経営者の運営方針を優先しなければならないことなどの欠点も浮かび上がる．

2　受け手としての女性

家計費の膨張

　家族外の生命再生産労働の変容は，それを受ける立場からみると，女性にどのような影響があるだろうか．

　家族外に存在する生命再生産労働が多様化し拡大していることによって，柔軟な選択的利用が可能となり，女性は，必要に応じて「家事労働」から解放され，自由に活動できる時間を生みだすことになる．また，女性は自分自身や家族の生活にとって，より望ましい生命再生産労働の組合せを見いだすことも可能である．一方で，「企業労働」という形態による家族外からの生命再生産労働の調達にはお金が必要とされる．このことによって，家計費が膨張し，家族の全体収入を増大させるために女性が家族外での対人サービス労働に従事せざるをえないという状況に直面する場合もある．このように，女性労働に対する矛盾した状況が強まっている．

受け手としての長短への気づき

　生命再生産労働を受ける立場からみるとき，女性は，自分自身や家族のために，その労働の価格，労働の質，利用しやすさなどを問うようになる．たとえば，「公務労働」は価格面など望ましい点もあるが，利用条件に制限が存在すること，また柔軟性が欠如しているなどの欠点に気付く．逆に，「企業労働」は人びとのニーズに敏感であるため，家族外の労働と「家事労働」によって過重労働になっている女性にとって役に立つ場合が多いが，価格が高いために本

来必要とする層が利用できない場合が多い．「地域労働」は，一般的に，「企業労働」と比べると，無料もしくは価格が安く，「公務労働」より柔軟性が高いという長所がある．また，地縁型「地域労働」は，そこに，地域としての情緒が生みだされている場合には，「家事労働」と同様に，生命再生産労働の質の向上に寄与しうるものとなっている．しかし，伝統的・共同体的な互酬性にもとづく古いタイプの地縁型「地域労働」の場合には，相互扶助としての側面が強いため労働のお返しができないものはその利用が難しい．

　以上のように，女性は，家族内から家族外へと生命再生産労働を担う場を拡大し，また，自分自身と家族のために家族員以外の担い手による生命再生産労働に依存する機会を増したことによって，諸領域の生命再生産労働と以前より複雑にかかわるようになっている．高齢者介護や育児などの対人サービスのための施設整備や人材育成にあたっては，諸領域での生命再生産労働をめぐる女性の社会的経験を政策立案のなかで生かしていくことが重要となっている．

おわりに

　本書は，「家族という場でもともと遂行されていた高齢者介護や育児などの生命再生産労働を家族員と家族員以外でどのように担っていくべきか」という問題意識をもとに，ケア労働の配分と協働の実態を把握するとともに，今後のあり方を展望することをめざしている．キーワードとなるケア労働という用語については，研究分野や実践分野によってその定義は多様であるが，筆者は，ケア労働はもともと「家事労働」から派生したものであるという立場を採用するとともに，そこに生命再生産労働の概念を込めて用いている．

　本章では，まず，生命再生産労働を社会的存在としての人間を対象とした，「生命（いのち）と生活（暮らし）の再生産のための労働」として定義するとともに，ケア労働の分析視点であることを述べている．

　つぎに，これまでの理論研究と調査研究の諸結果を踏まえて，生命再生産労働の下位概念として，「家事労働」「公務労働」「企業労働」「地域労働」の４つを設定した．なお，「地域労働」については，さらに地縁型と市民型の２つに類型化した．そして，下位概念それぞれの定義づけや近年の実態，さらに下位

概念同士の連関の動きを述べた．そして，それらの作業を踏まえ，表 1-1 として，生命再生産労働（ケア労働）の分析枠組みを導出した．

家事労働については，近代化・産業化の進展とともに，家族外で生産される食料品や衣料品などの生活手段商品を購入—消費するという側面が広がりをみせ，高齢者介護や育児といった生命再生産労働が，家事労働の中心に座るようになった．加えて，「家事労働」は今日においては，対人サービス労働次元においても，単独で完結することは少なくなり，家族員以外の担い手によって供給される他の領域の生命再生産労働との連関を強めていると分析した．最後に，遂行者と利用者という両面で生命再生産労働（ケア労働）にかかわる女性の位置づけについて述べた．

1) 本書では，家事は，家事労働に比べると，多様な側面を含む用語と考えている．労働側面に焦点を当てる文脈においては家事労働，また，他の側面も含めて論じる際には家事を用いる．同様に，ケアとケア労働の用語の使用上の区別についても，労働側面を主とする場合にはケア労働，労働以外の側面も含める場合にはケアとする．
2) 「日本型福祉社会論」についての説明は，第 5 章第 1 節第 3 項での「日本型福祉社会論をめぐる論争」を参照のこと．
3) 木本喜美子は，日本に紹介された欧米のマルクス主義フェミニズムにおける家事労働論争は 1980 年代初頭にはほぼ終息していたにもかかわらず，日本ではその後も継続され終わりがない理由として，強固な近代家族モデル規範の存在を指摘している（木本，2000）．
4) 日本の男性の家事時間への参加の伸び率は小さい．第 2 章第 3 節第 2 項での「育児ストレス問題の浮上」を参照のこと．
5) ハンナ・アーレントは『人間の条件』において，労働（labor）は人間が生物である以上繰り返しおこなわなければいけない事象をこなしていくための活動力であり，「生命」という人間の条件に対応していると述べている（Arendt, 1958）．本書の生命や生命再生産労働のとらえ方より狭義である．
6) 対人サービス労働次元の生命再生産労働には，高齢者介護サービスと育児サービス以外にも，医療サービス，看護サービスや教育サービスが主要なものとしてあげられる．これらのサービスも歴史をさかのぼれば「家事労働」として遂行されていたものと考えられるが，今日では，それらのサービス供給において「家事労働」や「地域労働」に期待される役割は小さくなっている．したがって，本書では，「家事労働」や「地域労働」に期待されている割合が依然

として大きい高齢者介護サービスと育児サービスを分析の対象としている．
 7) 本書でカギカッコをつけて用いている「公務労働」は，公務労働全体ではなく，公的機関で遂行される対人サービス労働を意味するもので，高齢者介護や育児に関連した分野の公務労働に限定して使用している．
 8) ソフトノミックス論者とは，1982年に当時の大蔵省（現財務省）からのソフト化・サービス経済化に関する委託研究をおこなう「経済の構造変化と政策の研究会」が発表した『ソフトノミックスの提唱』と題した報告書およびそれに引き続く『ソフトノミックス・フォローアップ研究会』による一連の報告書での執筆者を意味している．大蔵省財政金融研究所研究部（1986）参照のこと．
 9) 田中滋は，国民負担率とは大蔵省（現財務省）がつくった言葉で，分母がGDPではなく国民所得を使用しているため，数値が高く算出される点や国際比較ができない点などからみて，定義を変更するべきと指摘している（田中，2010）．
10) 自民党行政改革推進本部がまとめた『橋本行革の基本方向について』（橋本行革ビジョン）の最終案では，財政再建の方向性として，国民負担率の上限は45％程度をめざすべきであるとされた．橋本龍太郎総理は，極力50％を超えることのないよう，45％程度にとどまることをめざすと発言した（日本経済新聞1996年6月13日朝刊）．
11) 1980年代半ば以降，少子化による乳幼児数の減少にもかかわらず，認可保育所の利用児童数と施設数は増加を続けている．また，認可保育所による保育サービス供給において公私の占める割合が，公立＞私立から公立＜私立に逆転するのは，利用児童数でみて平成16（2004）年，施設数でみて平成18（2006）年であった．なお，『福祉行政報告例』によれば，平成7（1995）年は，利用児童数160万（公立87万人，私立73万人），施設数2.2万（公立1.3万，私立0.9万）に対し，平成22年度は利用児童数208万人（公立89万人，私立119万人），施設数2.3万（公立1.1万，私立1.2万）となっている．また，2010年代に入ってからは，認可外保育所の利用児童数と施設も増加したが，これらは主に営利法人による「企業労働」として供給されたものである．
12) 「地域労働」は当初は，地縁型住民組織による対人サービス労働の供給を中心として概念化したものであるが，その後，NPOなどのテーマ型住民組織による対人サービス労働の供給が台頭したため，前者を地縁型，後者を市民型として類型化した．序章の注8)もあわせて参照のこと．
13) 厚生労働省『介護サービス施設・事業所調査（平成21年）』による．
14) 地縁型「地域労働」に影響をもたらす可能性のあるものとして，「平成の大合併」の検討をおこなった第27次地方制度調査会による「地域自治区」の提案があげられる．それは，「住民自治充実や行政と住民との協働推進のための新しい仕組み」として，「（合併の有無にかかわらず）基礎自治体内の一定の区

域を単位とし，住民自治の強化や行政と住民との協働の推進など目的とする組織」を基礎自治体の判断によって設置できることを提案したものである（第27次地方制度調査会，2003）．

第2章
家族の生命再生産機能と情緒機能

はじめに

　本章では，本書における家族の分析視点である「生命再生産機能」と「情緒機能」について述べる．家族の生命再生産機能については，「家事労働」を含む生命再生産労働と一連のものとして概念化している．また，本章では，日本の家族変容の変動要因として，「家」制度の廃止，高度経済成長，人口構造の少子高齢化そしてグローバル化を取り上げ，そのような変動要因によって引き起こされた家族変容が，高齢者介護や育児などのケア労働（生命再生産労働）に対して，どのような課題をもたらしたのかについて分析している．

　加えて，グローバル化と併存して進行したといわれている欧米での「家族の個人化」といった現象が，日本の家族にもあてはまるのかどうかについて検討を加える．最後に，家族の生命再生産機能と情緒機能の変容は，「家事労働」が家族外の生命再生産労働の諸形態との連関を強める動きとどのように関連しながら進んできたのかについて分析を試みる．

第1節　家族の生命再生産機能と情緒機能

1　専門化過程としての家族機能の縮小

　現代社会における家族機能の縮小傾向についての評価は，大きく2つに分けることができる．それは，「家族機能の完全消滅過程」ととらえるのか，それとも，「家族機能の専門化過程」ととらえるのか，である．家族社会学においては，家族機能の縮小傾向を後者の専門化過程ととらえることを前提としたう

えで，どのような機能が専門的・本質的機能として家族に残されるのかをめぐって議論がなされてきた．

この分野での古典的な先行研究として位置づけられているものには諸説があるが，20世紀の第2四半世紀の始まりから半ば頃にかけてのアメリカ家族の変容を踏まえて，その将来見通しについて論じた，ウィリアム・オグバーンの七機能説やタルコット・パーソンズの二機能説などが有名である（Ogburn, 1933；Parsons and Bales, 1956）．

オグバーンの七機能説は，経済，地位賦与，教育，保護，宗教，娯楽，愛情の7つの機能のうち，愛情機能が拡大する一方，他の6つの機能は縮小するというものである．また，パーソンズの二機能説は，「子どもの基礎的な社会化」と「成人のパーソナリティの安定化」が家族の本質的機能として家族に残されるという見方である．

筆者は，20世紀の最後の四半世紀から21世紀のゼロ年代にかけての日本家族の変容を分析対象としているという点で，オグバーンやパーソンズとの違いはあるが，彼らと同様に，家族機能は縮小しつつあるものの，本質的な機能はなお家族に残されるとの見方をとっている．また，筆者の場合，家族の主要な機能として，生命再生産機能と情緒機能の2つに概念化したうえ，日本家族の変容や実態を分析することを試みてきた（後藤，1989）．なお，家族の生命再生産機能については，第1章で詳述した生命再生産労働と一連のものとして概念化している．

2　生命再生産機能と情緒機能の関係

家族の生命再生産機能とは

生命再生産機能とは，家族が担う機能としてさまざまに命名されてきたもののうち，生殖機能，子どもの扶養機能，消費生活機能，生活保障機能，高齢者介護機能などを包括する機能であり，生命（いのち）や生活（暮らし）の再生産において家族が果たしているはたらきを指している．また，家族による生命再生産機能は，生命再生産労働の一形態である「家事労働」を中心として遂行されるものととらえている．ただし，かつては，「家事労働」は家族内でほぼ完結して生命再生産機能を遂行していたが，いまでは，「家事労働」は家族外

の「公務労働」「企業労働」「地域労働」などと連関しながら,「家事労働」を遂行しつつ,家族外の生命再生産労働を家庭内で管理（マネジメント）する側面を強めている.

家族の情緒機能とは

情緒機能とは,家族による子どもの社会化機能に加え,あらゆる世代の家族員の情緒安定機能を包括する機能である.夫婦や親子という関係性のやり取りを通して人間存在に直接かかわる情緒や人格を育み,また,休息や安らぎの場となることで情緒の安定を与えるはたらきを指している.子どもの情緒の発達と人格形成あるいは成人の情緒の安定にかかわり,社会的にも必要かつ重要な機能である.社会の生産水準が低く,「いのち」や「暮らし」のための生命再生産労働が家族内でほぼ供給されていた時代には,家族の情緒機能は生命再生産機能の一部として埋め込まれていた.それが,社会の生産水準の上昇にともなって,生命再生産労働が家族外でも供給されるようになったことで,情緒機能は生命再生産機能から独立して,家族機能に占める位置づけを拡大するようになったものと考えられる.

家族内での情緒の充足は,それぞれの「生きる意味」にも大きな影響をもたらすことから,家族員にとって重要な機能であることはいうまでもない.ただし,そうした家族による情緒の充足を個々人は主観的なものと意識しがちだが,そこに,資本主義の発展や生産力の上昇に照応して生みだされる,その時代時代の家族制度や社会規範などの影響をみてとる必要がある.

家族機能の対社会側面と対個人側面のずれ

パーソンズの場合,重要性を増した「子どもの基礎的な社会化」と「成人のパーソナリティーの安定化」のそれぞれの機能に関して,「制度としての家族」に対する社会からの要求と「集団としての家族」における家族成員の欲求とが対立する可能性がある点が考慮されていない（Parsons and Bales, 1956）.この点は,社会体系の構造的安定や均衡の維持・存続を前提とする構造機能分析を主唱したパーソンズの家族機能論の弱点と考えられる.

いまの日本の家族の生命再生産機能と情緒機能を展望する際には,それぞれ

の機能の社会に対する側面と家族員に対する側面とは対立する可能性があることもみておく必要がある．つまり，個別家族内で成し遂げられる諸機能のうち，社会に対しては機能的であったとしても，家族員に対しては逆機能になる場合もあり，また，家族員に対しては機能的であっても，社会に対しては逆機能になる場合もありうるということである．

第2節　都市への人口集中と核家族の増加

1　家制度の廃止による高齢者への影響

1940年代半ばに制度上の「家」は廃止

　日本の家族は，第2次世界大戦直後における家制度の廃止という政治的・文化的要因，高度経済成長にともなう産業構造の変動と都市化の進行という経済的・社会的要因に大きな影響を受けて変容をみせた．

　家制度は，1898（明治31）年に制定された明治民法のもと，明治期から第2次世界大戦以前に存在した日本の家族制度である．それは，「戸主権」と「家督相続」という2つの柱からなっていた．戸主権は，家族員に関する婚姻や養子縁組など身分行為の許可権・居住指定権と，その違反に対する制裁権をその中心的な内容とした．家督相続は，戸主の地位の継承であった．そして，戸主の有する身分上・財産上の権利は原則として長男である家督相続人によって受け継がれ，その代わり戸主は，家族員に対して扶養する義務を負っていた．

　その家制度は，親族編・相続編が根本的に変更された1947（昭和22）年の民法改正によって廃止された．法律上の家制度の廃止は，農地改革や財閥解体なども加わって，日本の家の解体への動きを促進した．その廃止によって，家という単位を優先するなかで後回しにされがちであった家族員個々の人権が重視されるようになったこと，また，家父長主義的な親子優先の家族関係から民主主義的な夫婦中心の家族関係へと重心が移行したことなどが，肯定的な側面として指摘されている．

1960年代末頃まで高齢者同居率は8割台で推移

　法律上の廃止が家を維持する家族意識を弱めたとはいえ，世帯形態としては，

子どもたちのだれかが3世代世帯に残るという選択がすぐに拒否されたわけではなかった．1960年代末頃まで，高齢者からみた子ども世代との同居率は8割台という高い水準のままで推移した．そして，大部分の高齢者にとって，生活保障や世話・介護といった生命再生産は，子ども世代と同居する世帯のなかで提供されていた．また，現在と比べると低い医療水準のもとでは介護期間が短かったこともあり，家族の高齢者介護問題はまだ社会的問題としては認識されていなかった[1]．

しかし，高齢者とその子ども世代との同居の内実は，地域・階層によって異なった変容を示し始めていた．農村の零細農家では，「とうちゃん」を出稼ぎ労働者として都市に送り込みつつ，「三ちゃん」(じいちゃん，ばあちゃん，かあちゃん) 農業によって切り抜けようとして，高齢者は過重な労働を強いられるようになった．また，都市の低所得層では，同居の高齢の親，とくに女性の高齢の親が子ども家族の家事や育児を一手に引き受けることによって，嫁や娘の雇用者化（サラリーマン化）を支えることにもなっていた．また，この時期なお広範に存在したこのような3世代世帯においては，家意識を残存させている高齢者世代と核家族意識を身につけた子ども世代との，異なる世代間の家族意識の差異も生じることになった．同居している高齢の親世代と中高年の子ども世代との情緒的葛藤が，時に「嫁姑問題」として語られるようになった．

2　高度経済成長と都市の核家族の創出

「世帯創設」によって都市に大量に増加した核家族

高度経済成長の展開は，若年層を中心とした農村から都市への人口移動と雇用者化を通じて，都市に大量の核家族を誕生させた．すなわち，核家族の増加は，農村の直系3世代家族が2つ以上に分解する「世帯分離」の結果というよりむしろ，農村の直系3世代家族から若年層に代表される単身者が都市に吸収され，それが都市で新たに世帯を形成する「世帯創設」の結果によるものが多かった．ちなみに，『国勢調査』データを用いて，農村（郡部）と都市（市部）の人口比をみると，1950（昭和25）年には63対37であったものが，1970（昭和45）年は28対72へと逆転をみせている[2]．また，平均世帯人員は1950年には4.97人であったものが，1970年には3.69人にまで減少した．

そして，新たに大量創設された都市の核家族を対象として，消費財生産次元において，企業による商品開発→マスコミによる欲求開発→大量生産・大量販売という流れが確立された．家庭内の家事は，衣料品や食料品を購入して消費する側面を強め，また，洗濯機や掃除機などの家電製品の普及によってその手段は改善された．このようにして，既婚女性が職場進出をめざして，家事に費やす時間を減らそうとすれば減らせる条件は整った．しかし，当時は，女性の働く場は限定されていたうえに，「公務労働」や「地域労働」という形態の育児サービスは十分には供給されていなかった．したがって，高度成長期には，都市に大量に誕生した核家族における既婚女性の専業主婦化，正しくは，「育児専念主婦化」が進んだのである．

長時間労働の父親とパート労働の母親

日本は，1971（昭和46）年のドル・ショックや1973（昭和48）年の第1次オイル・ショックを契機として，高度経済成長がすでに終焉したことが明らかになり，インフレと低成長が同時進行する景気停滞に直面した．これに対処するため1970年代半ば以降，企業は新しい技術革新による生産管理および徹底した労務管理体制をつくりあげた．このことは，父親を長時間労働へと向かわせた．さらに，育児が一段落した専業主婦をパート労働へと赴かせる一因となった．このころから，家族問題は個々の家族の範疇を超え，社会問題として認識されるようになった．そして，マスコミは主婦の蒸発，子どもによる家庭内殺人事件や家庭内離婚等の家族崩壊を意味する事件や現象をクローズアップしたのである．

第3節　高齢者介護と育児の問題の出現

1　少子高齢化と家族形態の変容

世帯の小規模化が進行

1980年代半ば以降，平均寿命の伸びや出生率の低下による人口構造の少子高齢化の進行は，家族の形態・機能や意識に大きな影響をもたらした．世帯形態のさらなる変容が，家族意識および家族機能の変容と絡み合いながら，介

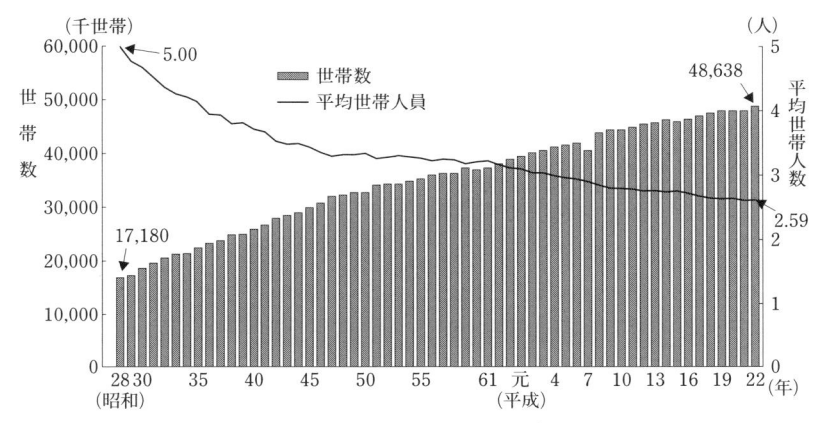

図 2-1 世帯数と平均世帯人員の年次推移
注：平成7年の数値は，兵庫県を除いたものである．
出所：厚生労働省『平成22年国民生活基礎調査の概況』．

護・子育てをめぐる福祉問題を一層深刻なものにしたと考えられる．ここでは，1980年代半ば以降の家族変容の実態について，まず，家族（世帯）形態面を中心として，具体的にみておくことにしたい[3]．

　1980年代半ば以降この四半世紀の間における世帯にまつわる変容として，全世帯に占める高齢者を含む世帯が占める割合の上昇と児童を含む世帯が占める割合の減少，さらには，世帯のさらなる小規模化の進行をとりあげることができる．

　図2-1にみるように，この四半世紀において，世帯数は第2次世界大戦後の増加傾向を続けた．一方，世帯規模に関しては，第2次世界大戦直後の5人前後から減少傾向をたどってきたが，この四半世紀で小規模化が一層進行した．平均世帯人員は，1986（昭和61）年は3.22人であったが，2010（平成22）年は2.59人と0.63人の減少がみられる．高齢者を含む世帯における単独世帯および夫婦世帯の割合の増加が，世帯の小規模化にも影響を与えたことは明らかである．

高齢者を含む世帯の割合は全世帯の4割強に

　老年化指数（65歳以上の老年人口に対する14歳未満の年少人口の比率）の

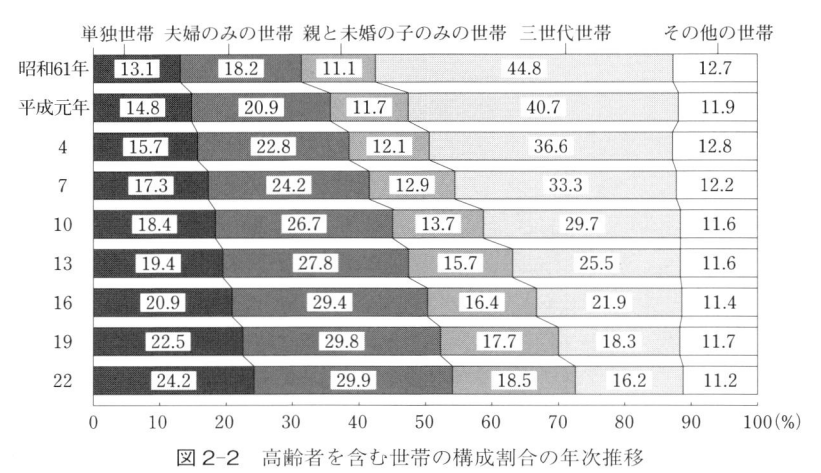

	単独世帯	夫婦のみの世帯	親と未婚の子のみの世帯	三世代世帯	その他の世帯
昭和61年	13.1	18.2	11.1	44.8	12.7
平成元年	14.8	20.9	11.7	40.7	11.9
4	15.7	22.8	12.1	36.6	12.8
7	17.3	24.2	12.9	33.3	12.2
10	18.4	26.7	13.7	29.7	11.6
13	19.4	27.8	15.7	25.5	11.6
16	20.9	29.4	16.4	21.9	11.4
19	22.5	29.8	17.7	18.3	11.7
22	24.2	29.9	18.5	16.2	11.2

図 2-2　高齢者を含む世帯の構成割合の年次推移

注1：平成7年の数値は，兵庫県を除いたものである．
　2：「親と未婚の子のみの世帯」とは，「夫婦と未婚の子のみの世帯」「ひとり親と未婚の子のみの世帯」をいう．
出所：厚生労働省『平成22年国民生活基礎調査の概況』．

　大幅な上昇は，年少人口に対する老年人口の相対的な上昇を意味している．すなわち，15-64歳の現役世代が支える従属人口の中心が，高齢者層へと移行したことを示している．また，この四半世紀において，認知症や寝たきりの出現率が高くなる75歳以上の後期高齢者層の上昇も大きい．このような人口の加速度的な少子高齢化と後期高齢者人口の増加は，高齢者を含む世帯形態の多様化や世帯規模の縮小にも拍車をかけることになった．

　『国民生活基礎調査』のデータによれば，65歳以上の高齢者を含む世帯が全世帯に占める割合は，1986（昭和61）年の26.0％から2010（平成22）年の42.6％へと上昇をみせた．さらに，高齢者を含む世帯のうち高齢者のみの世帯が占める割合は，1986年の23.9％から2010年の49.2％へと2倍以上に増加した．このことは，図2-2に示されるように，高齢者を含む世帯に占める単独世帯および夫婦のみ世帯の割合が増加傾向をたどる一方，3世代世帯の割合が減少傾向をたどったことを反映している．3世代世帯が占める割合は1986年時点では高齢者を含む世帯の半数近く（44.8％）を占めたが，2010年時点では，6分の1程度（16.2％）にまで低下をみせている．

したがって，高齢者のみ世帯が全世帯に占める割合は，1986年には6.2%であったが，2010年には21.0%にまで上昇している．すなわち，いまの地域社会での5世帯に1世帯以上は，夫婦ともに高齢者のみ，もしくは，高齢者ひとりで暮らす世帯であることを意味している．

高齢男性単独世帯数は過去四半世紀の間に6倍に

世帯の数値ベースでみると，高齢単独世帯と夫婦世帯の増加の著しさがより正確に理解できる．とくに，高齢男性単独世帯数は，1986（昭和61）年の24.6万から2010（平成22）年の142.0万へ増えたことで，1986年＝100とすると，2001（平成13）年の296，2010年の577と四半世紀で6倍近くとなっている．ちなみに，高齢女性単独世帯数は，1986年の103.5万から2010年の359.8万へ，同様に1986年＝100とすると，2001年の237，2010年の348となり，数値ベースでは高齢男性単独世帯数を大幅に上回っているが，この四半世紀の伸び率でみると3倍強にとどまった．また，高齢夫婦世帯数は，1986年の100.1万から2010年の487.6万となり，同様に1986年＝100とすると，2001年の325，2010年の487と四半世紀で5倍近くとなった．

高齢者を含む世帯に占める3世代世帯の割合の減少，それと表裏一体にある，高齢者単独世帯・夫婦世帯の割合と数値そのものの増加は，同居する子ども世代によって高齢者に対して供給されていた世話・介護に代わる，新しいしくみを創出するべき必要性が，この四半世紀の間に急速に高まったことを意味する．そして，高齢者介護問題は大きな社会的関心事となったのである．

児童を含む世帯数は全世帯数の4分の1にまで減少

全世帯のうち児童を含む世帯の割合は1986（昭和61）年の46.2%から2010（平成22）年の25.3%へと減少をみせた．1986年時点では，児童を含む世帯数は1736.4万であり，高齢者を含む世帯数（976.9万）を大幅に上回っていたが，1990年代後半に逆転をみせて以降，数値差を拡げている（2010年の児童を含む世帯数は1232.4万に対し，高齢者を含む世帯は2070.5万）．また，児童を含む世帯における平均児童数は1986年の1.83人から2010年の1.70人へと四半世紀で0.13人の減少をみせた．

児童を含む世帯の形態については，高齢者を含む世帯形態が大きく変容したのと比べ，四半世紀の間の変化はそれほど大きくない．夫婦と未婚の子のみからなる世帯，いわゆる核家族世帯の割合が優位を占める状況は，維持されている．1986年の65.4％に対して，2010年は70.3％へと増えている．また，ひとり親と未婚の子のみの世帯が占める割合は，1986年の4.2％から2010年の6.6％へと2％程度上昇した．児童を含む世帯の形態のうち，割合の変化の幅が最も大きかったのは，児童を含む3世代世帯である．その割合は1986年の27.0％から2010年の18.8％へと減った．このことは，祖父母と同居する子どもの割合がさらに減少したことを意味する．

　児童を含む世帯において，この四半世紀に生起した大きな課題としては，核家族世帯に占める父母の共働き世帯の割合が増加をみせるなか，それに見合った育児サービスが不足していること，また，母親と未婚の子のみの母子世帯における子どもの貧困問題の深刻化などである．

2　既婚女性の労働力化と育児問題
既婚女性の労働力化と育児のバランス

　個別家族が直面する問題は複雑化している．家族社会学では，高度成長期に都市に大量に創設された核家族を主要な対象として，家族とは，「夫婦関係を基礎として，親子・きょうだいなど近親者を主要な構成員とする，感情融合に支えられた，第1次的な福祉追求の集団である」（森岡，1967）として定義づけられてきた．また，生殖・出産（「いのち」）の場，暮らしの維持の場や情緒安定の場としてもみなされてきた．

　今日においても，家族は依然として生殖・出産，暮らしの維持や情緒安定の場として生命再生産機能や情緒機能を果たしている（後藤，1997）．しかし，過去との違いは，それらの機能の遂行において家族外の専門的諸機関に依存しなければ，これまでの機能や場を維持できない状態になっていることである．前項でもみてきたように，この間における少子高齢化の進行は，家族の小規模化と世帯形態の多様化の方向を推し進めることによって，高齢者の生活保障と介護の受け皿を一層縮小した．加えて，社会の多様な領域においてIT化・サービス化が進展したこと，国際競争の激化の中で新自由主義的な経済政策が採

用されたこと，社会・文化面では，グローバルスタンダードにあわせて男女共同参画施策が推進されたこと，このような経済・社会的要因も，家族の高齢者介護・育児の受け皿の縮小に少なからぬ影響を及ぼしたと考えられる．

男女共同参画施策とも絡む課題であるが，女性の労働力化と育児のバランスをどのように達成するかは，個別家族の課題であるとともに，家族政策の課題でもある．育児の受け皿を縮小し，個別家族が家族のみでは子どもに対する生活保障や心理的安定の機能を果たしえなくなってきた実態があるなか，マクロ的に見れば，母親が労働力化することが求められている．

男女雇用機会均等法が1986（昭和61）年に施行されてから四半世紀が過ぎた．未婚・既婚にかかわらず，女性労働力の活用は先進諸国に共通する関心事である．スウェーデン・ドイツ・米国などでは，出産・育児期の落ち込みが少なくなり，女性の年齢階級別労働力率が描くカーブは「M字型」から「台形型」へと移行している．そして，日本も次第に台形型に近づきつつある．その背景には，経済の国際競争が激化するなかで企業による女性労働力の多様な形態での活用がみられること，また，女性の人権というグローバルな価値に沿った男女共同参画の制度・施策が推進されていること，さらには，家計にゆとりのある生活をするには共働きが必要となっていることなどが指摘できる[4]．

乳幼児の子育てと就労とは二者択一という現状

児童を含む世帯における母親の就業率は上昇しているものの，末子の年齢によって大きく異なっている．3歳未満の乳幼児がいる母親に限定してみると，母親が仕事と育児を両立している割合は3割程度にとどまっている[5]．また，厚生労働省『出生前後の就業変化に関する統計（人口動態統計特殊報告）』（平成15年度）では，出生1年前に有職であった母親について，出生前後を通じて一貫して母親が有職である場合は約3割に過ぎないことが明らかにされた．日本の場合，大方の母親にとって，21世紀に入ってもなお，乳幼児の子育てと就労とが二者択一となっている．

3歳未満の乳幼児がいる母親の職業継続もしくは職業中断の動向は，育児サービスや育児期家庭への金銭給付をはじめとした家族政策のあり方と深く関連していることが，国際比較によって指摘されている．

日本の場合,「家事労働」以外の形態の乳幼児対象の育児サービスが,就業する母親の子育てを代替・補完できる形には発展していないことも,3割程度という数字に反映されているものと考えられる.ただし,総務省『就業構造基礎調査』の結果によると,2007(平成19)年の結果を2002(平成14)年の結果と比べると,末子のいずれの年齢階層においても上昇傾向にあり,3歳未満の乳幼児がいる母親の就業率も4.0ポイントの上昇を示した[6].21世紀に入って,少子化対策としての側面が強いとはいえ,子育て支援の拡大・多様化が,乳幼児がいる母親の就業を後押ししたものと考えられる.

なお,末子の年齢の上昇とともに母親の就業率は上昇をみせ,末子が中学生になると8割近くが仕事をしている.子どもが成長するにつれて育児負担が軽減され,母親の仕事への復帰が進んでいることがわかる.しかし,復帰した母親の雇用形態を分析してみると,正規職員・従業員の割合は低く,大半は,パート・アルバイト・自営業主として仕事をしていることが明らかである.

育児ストレス問題の浮上

乳幼児がいる母親の就業率が低いことは,少子高齢化とグローバル化のなかでの女性の労働力の活用というマクロな視点からみれば問題が残るとしても,家族の育児機能の維持というミクロな視点からは肯定的な評価もできる.いうまでもなく,乳幼児の発達にとって母親の存在は重要だからである.より本質的な問題は,母親が働いている場合でも,働いていない場合でも,いまの日本の核家族世帯では,乳幼児の育児が母親のみに集中しやすいことにある.その結果,働く母親の場合には,家族外の育児サービスを利用できなければ育児と仕事を両立させることは難しく,一方,専業母親の場合には,育児不安や育児ストレスに陥りやすい.

この間,若年層を中心として男女共同参画の価値観を共有する夫婦の割合は増え,また,男性の育児参加の必要性についても繰り返し指摘されてきた.しかし,日本男性の実際の育児時間はあまり増えていない.『平成18年社会生活基本調査』(総務省,2006)によれば,子育て中の夫婦の場合,育児に費やす1日あたりの時間は,女性1.9時間に対して,男性0.4時間の参加にとどまっている.主要先進国のなかで,日本は男性と女性の育児時間の格差が顕著な国

であることが示されている．また，『「平成 21 年度雇用均等基本調査」結果概要』（厚生労働省雇用均等・児童家庭局，2010）のデータによると，男性の育児休暇取得率は 1.72％と過去最大の数値を示したものの，女性の育児休暇取得率 85.6％との違いは依然として大きいままである．

一方，厚生労働省が平成 20（2008）年に実施した「今後の仕事と家庭の両立支援に関する調査」によると，育児休業などの制度の利用を希望する男性は，全体の 33.1％と 3 人にひとりの割合となっている．男性の育児への参加希望をめぐる意識と実態のギャップは，男性の育児参加が進むためには男性の意識改革に加えて，男性の労働条件・労働時間の改善も必要であることを示している（厚生労働省，2008）．

この点は，2010（平成 22）年に実施した名古屋市の「第 7 回男女平等参画基礎調査」の結果によっても明らかとなっている（名古屋市，2011）．そこでは，男性の育児休業の取得を進めるうえでは，男性に向けての意識啓発や行政による誘導も必要ではあるが，より重要なのは，企業の条件整備であると受けとめている人の割合が高いことが確認された[7]．しかし，労働環境が厳しさを増すなかでは，個別企業に勤務する男性が十分な育児時間を確保しようとすれば，正規職員・従業員という地位からパート・アルバイトという地位へと切り替えざるをえないのが実態である．

このようななか，乳幼児を抱える母親の育児ストレス問題が浮上している．子どもの年齢が低いほど育児ストレスをもつ母親の割合が高い．乳幼児をもつ母親のストレスの背景を分析するといくつかの要因が見いだされるが，それらは，お金や時間そしてエネルギーを注ぎ込むことが求められる育児自体の負担感に加えて，自分自身が仕事にいつ・どのように復帰できるかどうかの見通しがないことへの不安，育児の相談・援助の対象者を身近に見いだせない孤立感，男女共同参画の価値観を共有しながらも実態としては夫が育児参加しない・できないことへの不満などが絡み合っている．

母親の育児ストレスは潜在化・長期化すると，子どもの情緒発達にマイナスの影響を与えることはいうまでもなく，夫婦間の情緒関係の悪化を結果する場合もある．深刻化すると子ども虐待や DV（夫婦間暴力）などの問題を招くことになる．

第4節　家族の個人化のもとでの家族機能

1　個人化する家族という現象

1986（昭和61）年に出版されたウルリッヒ・ベックの『危険社会』での個人化論，また，その翌年に目黒依子によって出版された『個人化する家族』などをきっかけとして，家族社会学においては，家族と個人との関係の変化をとらえる概念として，家族の個人化という切り口が関心を集めた（Beck, 1986；目黒, 1987）．その後も，個人化についてのベックの所説が次々と紹介されたこともあり，個人化する家族という現象については，肯定・否定の両方の立場から，さまざまな視点が語られてきた（望月, 2001）．

家族研究やジェンダー研究においては，家族の個人化という概念については，どちらかといえば肯定的にとらえられてきた．それは，家族の個人化という概念は，集団単位で家族をとらえる見方から，個人単位で家族をとらえる見方への転換として受けとめられ，また，個人化する家族という現象は，家族員が伝統的家族やジェンダー拘束的核家族から解放されるプロセスととらえられたからである．そして，家族の個人化の議論は，個人と個人が選択的に取り結ぶパーソナルネットワークによって構築される多様な家族の創出へと関心が展開したのである（藤崎, 1998；山根, 2005）．

一方，否定的にとらえる立場においては，離婚率や生涯未婚率の上昇という実態を引き合いに出しながら，家族の個人化という現象は，家族の脱制度化や個人の脱家族化に結びつくことによって，家族の崩壊や家族の絆の弱体化に結びつくことへの懸念を指摘している．

たとえば，山田昌弘は，家族の個人化というより，むしろ結婚の個人化に焦点を当て，男性の生涯未婚率の上昇という現象を分析することによって，個人化現象にみられる選択の自由は，結婚相手を選ぶ自由と同時に選ばれないリスクがともなうこと，すなわち，選択可能性の拡大には実現可能性の低下という影の側面が潜んでいることを指摘した（山田, 2005）．また，森謙二は，「『個人化』現象は，個々人の自由を拡大していくとしても，それは市場化の貫徹，いわゆる『脱家族化』の結果であり，必ずしも手放しで喜ぶことができる現象ではない」と述べている（森, 2008：75）．

2 結婚の個人化と家族の個人化をめぐる意識変容

結婚の個人化と家族の個人化

家族の個人化は，家族を形成するかどうかの「結婚の個人化」という次元，加えて，家族を形成した後での「出産の個人化」や「家庭生活の個人化」，すなわち，狭義の家族の個人化の次元がある．家族の個人化をめぐる議論では，一般に，この2つの次元について分けないままに進められているが，家族をめぐって生起している実態を正確に把握するためには2つの次元に分けて考察する必要がある．というのは，2つの次元に分けることで，日本の場合，狭義の家族の個人化をめぐる意識変化は，結婚の個人化をめぐる意識に比べてみると，それほど進行していないという特徴が浮かび上がるからである．

内閣府の『男女共同参画社会に関する世論調査』や名古屋市の『男女平等参画基礎調査』においては，2つの次元それぞれの家族の個人化をめぐる意識の分布状況を把握することに対応できる質問内容が組み込まれている．

ここでは，2010（平成22）年に実施した名古屋市の「第7回男女平等参画基礎調査」の結果を用いて，「出産の個人化や家庭生活の個人化，すなわち，狭義の家族の個人化をめぐる意識の変化は，結婚の個人化をめぐる意識の変化に比べてみると進行していない」という筆者の仮説について考察を加えておきたい．なお，結婚の個人化をめぐる意識を把握するための質問としては，「結婚は個人の自由であるから，人は結婚してもしなくてもどちらでもよい」という考え方への賛否を尋ねているものを用いる．また，出産の個人化をめぐる意識の把握としては，「結婚しても必ずしも子どもを持つ必要はない」という質問，また，家庭生活の個人化をめぐる意識の把握としては，「女性は結婚したら家族を中心に考えて生活したほうがよい」という考え方への賛否を尋ねる質問を用いる（名古屋市，2011）．

「結婚は個人の自由」という意識への賛成割合が高い若い世代

上記の名古屋市の第7回調査での，「結婚は個人の自由であるから，人は結婚してもしなくてもどちらでもよい」という考え方への賛成割合は全体の約7割（69.6％）となった．第6回調査（平成17年実施）の67.5％，第5回調査（平成12年実施）の69.8％と比較して，ほとんど変化がみられなかった．また，

図 2-3 「結婚は個人の自由」という考え方への賛否

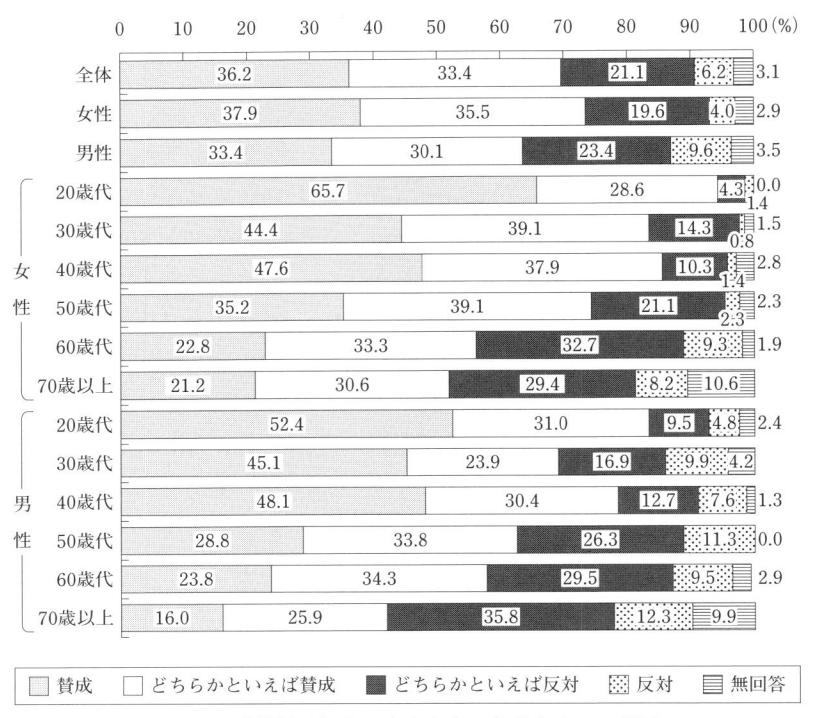

	賛成	どちらかといえば賛成	どちらかといえば反対	反対	無回答
全体	36.2	33.4	21.1	6.2	3.1
女性	37.9	35.5	19.6	4.0	2.9
男性	33.4	30.1	23.4	9.6	3.5
女性 20歳代	65.7	28.6	4.3	0.0	1.4
女性 30歳代	44.4	39.1	14.3	0.8	1.5
女性 40歳代	47.6	37.9	10.3	1.4	2.8
女性 50歳代	35.2	39.1	21.1	2.3	2.3
女性 60歳代	22.8	33.3	32.7	9.3	1.9
女性 70歳以上	21.2	30.6	29.4	8.2	10.6
男性 20歳代	52.4	31.0	9.5	4.8	2.4
男性 30歳代	45.1	23.9	16.9	9.9	4.2
男性 40歳代	48.1	30.4	12.7	7.6	1.3
男性 50歳代	28.8	33.8	26.3	11.3	0.0
男性 60歳代	23.8	34.3	29.5	9.5	2.9
男性 70歳以上	16.0	25.9	35.8	12.3	9.9

出所：名古屋市『第7回男女平等参画基礎調査報告書』．

　第7回調査のほぼ1年前に実施された内閣府の『男女共同参画社会に関する世論調査』における同様な質問内容の結果も，賛成が全体の約7割とほぼ同じであった．したがって，「結婚の個人化」をめぐる意識は大方が支持するものとなっている．

　ただし，回答結果をさらに分析してみると，性別や年代による統計的な差が確認された．結婚の個人化に賛成の割合は，男性よりも女性で高く，全体的には若い年齢層のほうが賛成の割合が高い傾向がみられた（図2-3）．とくに，未婚率が高い20歳代では，女性の9割強，男性の8割強が，「結婚は個人の自由であるから，人は結婚してもしなくてもどちらでもよい」という考え方に賛成を示している．

第 2 章　家族の生命再生産機能と情緒機能　57

出産・家庭生活をめぐる意識の個人化

　出産の個人化についての意識の分布状況を把握するために,「結婚しても必ずしも子どもを持つ必要はない」という考え方について,名古屋市の第 7 回調査結果をみると,賛成と反対の割合はほぼ拮抗している（賛成 49.8%,反対 46.2%）.また,「家庭生活の個人化」のひとつの尺度としての質問である,「女性は結婚したら,自分自身のことより,夫や子どもなど家族を中心に考えて生活したほうがよい」という考え方は,反対割合が高いほど個人化が進行していることを示唆するが,この結果も,賛成割合と反対割合がほぼ半々となった.（賛成割合 50.3%,反対割合 46.1%）.5 年前の第 6 回調査の結果と比べてみると,いずれも大きな変化はみられなかった.

　したがって,「出産の個人化や家庭生活の個人化,すなわち,狭義の家族の個人化の変化は,結婚の個人化をめぐる意識に比べてみると進行していない」という筆者の仮説は検証されたが,結婚・出産・家庭生活のいずれも若い年代ほど個人化の意識をもつ割合が高いという点においては,結婚の個人化をめぐる意識と共通した結果となった.

3　家族の個人化と家族機能の変容の実態

　前項では,意識面での家族の個人化の進行について分析をおこなったが,ここでは,出産・育児と家庭生活の実態から家族の生命再生産機能と情緒機能の変容をみることで,家族の個人化現象の進行状況を把握しておきたい.

大きな変化がみられない過去四半世紀の一夫婦あたりの子ども数

　まず,出産,すなわち新しい生命を家族内に誕生させる点からの個人化現象についてである.合計特殊出生率（一人の女性が一生の間に出産する子どもの数）の推移からみると,「個別家族は,子どもの出生数を抑制してきたのではないか」という仮説が想定される.

　国立社会保障・人口問題研究所の『出生動向基本調査』データによれば,1970 年代までは,確かに,有配偶出生率（一夫婦あたりの子ども数）の低下がみられ,それが主な要因となって合計特殊出生率の低下がみられたことから,先述の仮説があてはまる.しかし,1980 年代以降については,有配偶出生率

や完結出生児数は高低を繰り返しながら横ばいであることから，想定した仮説は必ずしも当てはまらない．

1980年代以降の合計特殊出生率の低下は，どちらかといえば有配偶率が大きく減少したことによって引き起こされたものである．したがって，この四半世紀においては，「結婚は個人の自由であるから，人は結婚してもしなくてもどちらでもよい」といった考え方に示される「結婚の個人化」の現象が，合計特殊出生率の低下への大きな要因となっている．

サービス消費側面を強める親による育児

つぎに，子どもの養育という点についての個人化現象についてである．子どもの養育においては，将来を見据えた家業のための労働力育成という側面は失われつつある．それに代わって，親は育児に精神的満足感を求め，目の前のわが子の優位性を確認したいという欲求にさらされやすい．また，育児分野での「企業労働」の開拓が進んでいることから，そのようなサービスを消費する側面を強め，育児にお金もかかるようになっている．

資本主義社会においては，資本蓄積に役立つ労働者を円滑に再生産していくことは社会にとっての優先課題である．そこにおいては，家族の生命再生産機能は，労働者である大人や労働者予備軍である子どもを，その時代の資本の発展段階にみあった労働者へと日々再生産するように期待されている．企業のグローバル化や産業構造のソフト化・サービス化が進展しているこの四半世紀においては，潜在的には，家族にはこうした変化に対応できるような労働者や労働者予備軍を再生産することが求められている．しかし，先述したような親が育児で重視していることと，企業・産業側による労働者予備軍の再生産への期待との隔たりは大きなままである．

さらに，母親の就業を支える「公務労働」や「企業労働」などが十分に利用できず，「家事労働」の分担の再調整もしにくい家族においては，育児による精神的満足感を獲得しにくい．とくに，夫婦共働き家族の場合には，親の側，とくに母親が自分自身の仕事や生活の充実を犠牲にするか，あるいは，親の生活リズムに巻き込む不安定な養育環境のなかで子どもの育ちを犠牲にするかに陥りやすい．

実態としては進行している家族生活の個人化

さらに，子どもや高齢者を含むすべての世代の家族員に対する日々の暮らしの維持の点であるが，「家事労働」は，家族内の担い手から受け手への対個人サービスとして遂行されるようになっている．これは，家族生活の個人化が進行していることを示している．その背景には，家族員のそれぞれが，個別のスケジュール，目的をもって，異なる時間・空間・制度を生きる，もしくは，生きざるをえないようになったことがある．それによって，食事や団欒などを家族員が全員一緒にすることが難しくなったのである．

また，平等や自立に高い価値をおく今日の趨勢のなかで，家族はもはや「自己犠牲の場」ではなく，「自己実現の場」あるいは「自己実現を可能としてくれる資源」としてとらえられるようになっている．家族の生命再生産機能も，家族内のだれかが犠牲となるようなものではなく，家族員すべての自己実現の要求を調整しうるかぎりでおこなわれるべきと考えられるようになっている．

優先される情緒機能

ここでは，子どもの社会化，親子の情緒関係，大人のパーソナリティーの安定化や高齢者との情緒関係など，家族の情緒機能の変貌をみることで，家族の個人化現象のさらなる実態を把握してみたい．

内閣府による『国民生活に関する世論調査』では，家族・家庭の役割をめぐる期待について，平成13（2001）年より毎年継続して質問している．「あなたにとって家庭はどのような意味をもっていますか」と尋ね，「その他」「わからない」を含め10の選択肢が設定され，複数回答が求められている[8]．この質問結果には，家族・家庭の役割についての意識と期待が絡まっていると考えられる．

平成22（2010）年調査の結果をみると，「家族の団らんの場」という回答割合が65.4％と最も高く，次いで，「休息・やすらぎの場」（57.7％），「家族の絆（きずな）を強める場」（54.4％）といった，家族の集団次元での情緒安定やつながり機能に関連した選択肢が上位3位を占めている．また，親子間もしくは夫婦間といった二者関係による情緒機能を意味する「親子が共に成長する場」（39.0％，第4位）と「夫婦の愛情を育む場」（29.5％，第5位）が，それ

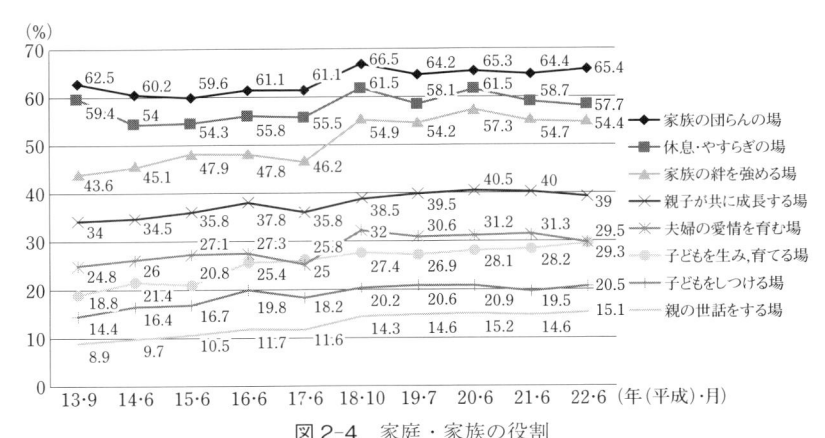

図 2-4　家庭・家族の役割
出所：内閣府『国民生活に関する世論調査』．

に続いている．

　一方，家族の生命再生産機能に相当する「子どもを生み，育てる場」（29.3％，第6位）と「親の世話をする場」（15.1％，第8位）は他の選択肢に比べ低い割合となっている．また，家族の情緒機能の一部である子どもの社会化を意味する「子どもをしつける場」は20.5％（第7位）とやはり低い割合にとどまっている．また，図2-4にみるように，この10年間で選択肢ごとの数字の多少の高低はあるものの，順位はほとんど変動していない．意識や期待としては，家族機能のうち，高齢者介護や育児といった生命再生産機能よりも情緒機能のほうが重視され，また，情緒機能のうちでも，家族集団としての情緒安定機能が子どもの社会化機能よりも優先されていることが指摘できる．

子どもの社会化をめぐる家族の実態と社会の期待のギャップ

　子どもの社会化機能については，前項で扱っている調査結果と内閣府による他の調査結果と重ねてみると，家族の側の意識と社会の側の期待との間に大きなギャップがみられる．平成22年（2010）11月に内閣府が実施した『少年非行に関する世論調査』では，子どもの非行を防止するために大きな役割を果たすのは，「家庭」「地域」「学校」「警察などの行政機関」のいずれであるかについて質問している．その結果をみると，「家庭」との回答割合が76.4％と4分

の3以上を占め,「地域社会」との回答割合が12.9％,「警察などの行政機関」との回答割合が5.2％,「学校」との回答割合が3.7％となっている．子どもの社会化については，社会の側は，家族・家庭が第一義的な責任をもっているという見方は変わっていない．

　久保田裕之は,「親密性によって定義された「選べる」家族と，生存・生活保障を担う「選べない」家族の乖離は,「家族の不安定化・リスク化」や「家族格差の拡大」と深く関わっている」（久保田，2009：85）として,「家族にしか頼れないにもかかわらず，家族が親密性を中心に考えられるようになったために，多くの人が不安定な家族や家族外の不安定に直面しなければならない状況は，もう一度「家族の危機」として，社会問題ないし社会病理として把握される必要がある」と述べている（久保田，2009：86)．

　家庭・家族が果たす役割について,「高齢者介護や育児といった生命再生産機能よりも情緒機能のほうが重視され，また，情緒機能のうちでも，家族集団としての情緒安定機能が子どもの社会化機能よりも優先されている」という前項での考察は，家族が親密性を中心に考えられるようになっているという久保田の指摘と一致する．情緒機能の一端である家族の親密性を維持するために，子どもの社会化機能が後回しになっている家族の問題が存在している．また，家族による生存・生活保障の受け皿がない人の困難が見逃されている．

家族外との相互依存を強める家族の生命再生産機能

　生涯未婚率の上昇が示しているように，家族を形成しない・できない人口割合は増加をみせつつあるが，依然として，家族を形成している・したことがある人口割合のほうが圧倒的に多い．人類史上で長い歴史をもつ家族というしくみが，社会の基礎集団としての位置づけをすぐに喪失するとは考えにくい．しかし，結婚式，子どもの誕生から親の死までかつては家族情緒を最も深く感じたような出来事や儀式は，すでにほとんどが病院や企業の手に委譲されている．家族団欒にはテレビや携帯電話などの機器が次々と参入し，レジャーは旅行業者やイベント業者の手を借りずには楽しめなくなっている．こうしたなか，情緒安定機能の遂行と家族であることの親密性の確認作業のために，家族員はそれぞれに奮闘している．

家族の生命再生産機能は，ケアの受け手である家族員それぞれの要求を調整しつつ遂行する家族の個人化の側面を強めている．一方，生命再生産機能の遂行において，家族外の生命再生産労働との相互依存関係を強めている．家族もしくは家族員の側の都合によって家族外の生命再生産労働との連関を強める場合もあるが，家族外で開発された生命再生産労働が家族内に入ってくることで，「家事労働」自体が弱体化・不安定化を迫られることも引き起こされている．

おわりに

本章は，家族の「生命再生産機能」と「情緒機能」を切り口として，日本の家族変容をたどるとともに，この四半世紀の家族の個人化をめぐる意識と実態について分析した．まず，生命再生産機能と情緒機能を定義，つぎに，日本の家族変容の実態と，それにともなって生起した高齢者介護や育児関連の福祉課題を把握した．

高度成長期をへて都市には大量の核家族が誕生したが，それは農村から都市へと移動した若い世代が，新たに世帯を創設したものであり，1970年代頃までは，大部分の高齢者は子どもの誰かと同居していた．しかし，1980年代半ば以降の四半世紀の間に，核家族意識の浸透と人口構造の少子高齢化によって，高齢者のみ世帯や高齢単独世帯が増加した．高齢者は，子ども家族への依存から脱却した新しい暮らし方を模索していくことが求められるとともに，社会の側は，それを支える高齢者介護システムを構築することが不可欠となっている．

また，グローバル化にも影響されて既婚女性の労働者化も進みつつあるが，依然として，乳幼児の子育てと母親の就労は二者択一となっている状況がある．また，欧米の家族の間では，グローバル化と並行して家族の個人化が進行したといわれているが，日本の家族については，どのような側面でこの現象が生じているのか，生じていないのかについて，諸調査の結果を用いて分析した．

家族を形成する前の結婚をめぐる意識と実態において，結婚の個人化が進行していることが確認された．しかし，家族を形成した後の出産や家族生活をめぐる狭義の家族の個人化をめぐる意識からみると，必ずしも個人化しているとは断定できない．一方，仕事の24時間化や生命再生産における「企業労働」

への依存の増大などの変化を通して，実態としては，日本の家族も欧米の家族にみられる家族の個人化という現象に巻き込まれてきた．家族をめぐる意識でみると，生命再生産機能と比べ，家族の情緒機能により高い期待を寄せているが，このことが，社会からの期待は高いにもかかわらず，子どもの社会化機能を後回しにする一因となっていることが推測される．

1)　1970年代に入ると，高齢者介護は社会問題として浮上した．有吉佐和子の小説『恍惚の人』は高齢化率が7％に達した頃の1972年に刊行されたものであるが，高齢者介護が社会問題になりつつあるとの認識の拡大に大きな影響を与えたものと考えられる（有吉，1972）．
2)　数字の逆転の背景には，実質的な都市への人口移動とともに，「昭和の大合併」によって郡部が市部に変更されたことにともなう形式的な都市への人口移動も含まれている点は留意する必要がある．
3)　『国民生活基礎調査』の平成22（2010）年版の掲載データを利用している．
4)　『家計調査』のデータを用いて作成されている『家計簿からみたファミリーライフ』（総務省，2011）によれば，勤労者世帯のうち核家族世帯について，夫婦共働き世帯と世帯主のみ働いている世帯を比較してみると，世帯主のみ働いている世帯の平成22（2010）年の消費支出は，1世帯あたり1ヶ月平均30万4000円であるのに対し，夫婦共働き世帯の消費支出は，1世帯当たり1ヶ月平均33万1000円であり，世帯主のみ働いている世帯より2万7000円多くなっている．また，黒字について比較すると，世帯主のみ働いている世帯が9万8000円であるのに対し，夫婦共働き世帯は16万6000円であり，世帯主のみ働いている世帯より6万8000円多くなっている．住宅ローン返済世帯の割合をみると，夫婦共働き世帯は45.2％で，世帯主のみ働いている世帯の33.6％に比べ，11.6ポイント高い．
5)　労働力率とは，就業者と完全失業者数とを合わせた労働力人口が15歳以上の人口に占める割合．労働力人口÷15歳以上の人口（生産年齢人口）×100の数値で示す．
6)　『就業構造基本調査』では，「就業者」，「就業率」という用語は『労働力調査』との違いを明確化するため使用せず，「有業者」，「有業率」という用語を用いている．本書では，『就業構造基本調査』の結果を引用する際に「就業率」とあるのは，この「有業率」を指している．
7)　名古屋市男女平等参画基礎調査は，昭和57（1982）年度に開始され，昭和60（1985）年度以降は5年ごとに継続されてきた．平成22（2010）年度に実施された「第7回男女平等参画基礎調査」の調査カテゴリーは，家族，労働，

地域，人権，基本的属性の5つに大きく分けられる．なお，第5回および第7回調査については，筆者は男女平等参画基礎調査研究会の代表として調査分析と報告書の執筆にかかわっている．

第7回調査の概要は以下の通り．
　①調査方法：往復郵便法
　②調査期間：平成22（2010）年6月1日から6月22日の22日間
　③調査対象者数：4000人（女性2042人，男性1958人）
　④回答者数：1259人（回収率31.5％），うち有効回答者数1181人（有効回収率29.5％）

8）『国民生活に関する世論調査』は昭和23（1948）年にはじめて実施されている．国民の生活満足度や基本的な生活意識などの把握を対象にしている．家族・家庭の役割を尋ねる設問がはじめて導入されたのは，総理府が実施していた平成8（1996）年調査からである．その時点では，家族・家庭の役割を尋ねる設問の選択肢は8であったが，内閣府としてはじめて実施された平成13（2001）年調査からは選択肢が10となり，その後の調査では，同じ選択肢が継続して使用されている．

第Ⅱ部
日英韓の家族政策・地域政策

第3章
英国のケア労働の配分をめぐる変質と「家事労働」
サッチャー政権下のコミュニティケア政策

はじめに

　本書のねらいのひとつは，日本における高齢者介護や育児などのケア労働（生命再生産労働）の配分をめぐる変容の実態と協働のための政策と実践の課題について，家族や地域コミュニティでの担い手，すなわち，「家事労働」や「地域労働」の担い手に焦点をあて，明らかにすることである．

　1980年代，英国のサッチャー政権下では，コミュニティケアという名のもと，ケア労働（対人サービス労働）の供給における国家の役割，すなわち，「公務労働」のあり方をラディカルに変更した．一方，「家事労働」や「地域労働」というインフォーマルな領域でのケア労働のあり方を，フォーマルな社会政策によって支援していくことを，われわれの眼前に映し出した．

　本章では，サッチャー政権下でのコミュニティケア政策を，ケア労働の配分と協働という視点から振り返ることをねらいとしている．また，日本において，今後は重要な政策課題となることが考えられる，「家事労働」や「地域労働」とそれを支える社会政策との連関について理解することもねらいとしている．

　まず，英国において，ケア（care あるいは caring）という言葉を通して，「家事労働」が社会的ケア，すなわち，社会の対人サービス労働全体の一部とみなされ，他のセクターで供給されるケアとの連関のもとに考察されるようになった状況について述べる．つぎに，サッチャー政権以前からの英国のコミュニティケア政策のあゆみと，そこでの家族によるケア，すなわち「家事労働」の位置づけをたどる．サッチャー政権下でのコミュニティケア政策がケアの供給構造を変化させたことを分析することで，ケアとしての「家事労働」と社会

政策とがどのように連関しているかを示したい．ここでは，とくに高齢者介護の動きに焦点をあてて考察を加えている．

第1節　英国福祉多元主義のもとでのケア供給

1　インフォーマルケアへの関心の台頭

　本書の第1章でも記述したとおり，家事労働は，労働対象が物か人間かによって，消費財生産次元と対人サービス労働次元とに分類することができる．家事労働の中心は，かつては消費財生産次元にあったのに対し，今日の高度先進工業国においては，食料品や衣服などの消費財生産は，市場（企業）によって担われる度合いが進むなか，家事労働の比重は，すでに対人サービス労働次元へと移行している．

　こうした現実での比重の移行を反映して，1980年代以降の英国において，フェミニストを中心とした家事労働研究は，対人サービス労働次元に焦点をあてるようになった[1]．そして，家事労働を，おもに対人サービス労働次元について語る場合には，ケアという言葉を用いることが一般的となった．1980年代の英国のフェミニズム研究が，家事労働という形で，家族内で女性が無償で従事する対人サービス労働をケアと呼ぶようになったのは，社会政策分野からの強い影響によるものであるという（Graham, 1991）．

　他方，同時期に，英国の社会政策においては，施設ケアからコミュニティケアへというケア供給をめぐる政策重心の移行のなかで，公的領域でおこなわれる対人サービスを「フォーマルケア」，家族をはじめとして友人や近所の人びとによっておこなわれる対人サービスを「インフォーマルケア」として対比させ，後者のケアへの関心を強めるようになった．

　以上のように，英国では，1980年代以降，家事労働研究や社会政策領域において，ケア，さらには，インフォーマルケアという言葉を通して，家族内の対人サービス労働は注目され，意味づけされるようになった．また，家族内の対人サービス労働は，家族外で供給されるさまざまな形態のそれらと並列してとらえられ，あるいは対比してとらえられるようになった．ただし，ケアという言葉は，その意味する範囲が広がり，コミュニティケア政策の影響も受けて，

さまざまに異なった意図を込めて用いられていくなか，使用上の混乱も生み，その範囲や定義は多様となった．

2　福祉多元主義の枠組みでの4領域
福祉多元主義と4つの供給セクター

英国において，ケアすなわち対人サービスは，「政府セクターもしくは法定セクター（state sector/statutory sector）」，「民間セクターもしくは営利セクター（private sector/commercial sector）」，「ボランタリーセクターもしくは非営利セクター（voluntary sector/non-profit sector）」，「インフォーマルセクターもしくは家族セクター（informal sector/family sector）」の4つの領域によって供給されているとみなされている．このような指摘は，1980年代の英国社会政策研究において正統派となった福祉多元主義（welfare pluralism）によってなされたものである[2]．

福祉多元主義は福祉ミックス（welfare mix）と呼ぶ場合もあり，「社会サービスおよび医療サービスは，4つの異なったセクター，すなわち，政府セクター，ボランタリーセクター，民間セクター，インフォーマルセクターによって供給されるという事実を伝えるために使用される．より正確にいえば，対人サービスの集合的供給において政府の役割を小さくし，唯一のものとはみなさない」議論である（Hatch and Mocroft, 1983：2）．そして，福祉多元主義の考え方は，1980年代のサッチャー政権下において，叙述から実践へと適用されたのである[3]．

ノーマン・ジョンソンは，サッチャー政権について，「英国福祉国家は，実は，福祉の供給においていくつかの源に依存してきたという意味において多元的であった．しかし，現政府の福祉多元主義への好みは，政府の役割を削減し，それに応じて，インフォーマルセクター，ボランタリーセクター，さらには民間セクターの役割を増加させようという期待にもとづいたものである」（Johnson, 1990：169）と述べた．インフォーマルセクター，ボランタリーセクター，さらに民間セクターは，それまでにもそれぞれの領域の論理によって英国の対人サービスの供給を担ってきたわけであるが，当時のジョンソンの指摘は，コミュニティケアという名のもとに，フォーマルな政府の主導と論理に

よって，他の領域も含めたケア労働をめぐる配分と調整が開始されたことを批判したものである．

ただし，「対人サービス供給において国家の役割を縮小させるべき」という方向性が含まれているとして，福祉多元主義の提唱には反対した人びとでさえ，英国における対人サービス供給が先述の4つの領域によって担われているという指摘は，事実として受け入れるようになった．以下，サッチャー政権下で，4つの領域が対人サービスの供給の場として，どのように把握され，どのような課題があるとみなされていたかについて簡単にみておきたい．

政府セクターの限界と新しい役割の模索

第2次世界大戦後の「英国福祉国家」が基礎とした，「ゆりかごから墓場まで」政府セクターが中心となって対人サービスを供給するという考え方は，1980年代になると，その限界が明らかにされるようになった[4]．一方，政府セクターが，その責任を全面的に他の領域に押しつけて対人サービス供給から完全に撤退することも不可能である状況に直面した．

また，中央政府（central government）は，ケア供給の方針の表明や財政援助にとどまり，実際のケア供給に直接関わっているのは地方政府（local government）である．したがって，当時の英国の政府セクターによって，現実にどのようなケア供給がおこなわれているかは，それぞれの地方政府の政治色と財政状態に左右されていた．

伝統ある英国ボランタリーセクターは多様な組織が混在

ボランタリー団体は，英国においては，伝統的に社会のなかの重要な構成要素であるが，その性格は時代とともに変化している．また，英国の福祉多元主義の考えでは，ボランタリーセクターはインフォーマルセクターではなく，フォーマルセクターに位置づけられている．

英国での，ボランタリー団体の理念型は，①フォーマルな組織が存在していること，②政府セクターから独立し，自己資金によって自律性を保持していること，③団体・組織の最終目的は，利潤の追求ではなく公益の追求であること，などである．しかしながら，近年になるほどに，実態は，資金面で政府セクタ

ーへの依存を増大させてきたことから，資金面での自律性・独立性ということはあまり強調されなくなった．

したがって，マリア・ブレントンは，サッチャー政権当時，ボランタリー組織を対象とした調査結果を踏まえ，もし厳密な解釈を施すと，かなりの団体がボランタリーセクターから排除されることになると指摘した（Brenton, 1985）．

当時の実態は，ボランタリーセクターによって供給されるケアとは，50％以上は自己資金で運営できる「エージ・コンサーン（Age Concern）」のような大規模な組織によって供給されるものから，「グッドネイバー・スキーム（Good Neighbour Scheme，良き隣人方式）」によって，政府セクターの主導によって地域コミュニティでの育成が奨励されている「グッドネイバー（Good Neighbour，良き隣人）」5)，また，中央政府に全額資金依存している「女性王立ボランタリーサービス（Women Royal Voluntary Service）」のようなところでのボランタリー活動までを含むものであった．「グッドネイバー」や「女性王立ボランタリーサービス」のような形態のボランタリー団体の場合には，それらによってケアがどの程度供給されるかは，中央政府や地方政府による資金援助に大きく影響されていることも明らかにされた．

民間セクターは多様な対人サービスを供給

英国の福祉多元主義の考えのもとでは，民間セクターとはほぼ企業セクターに相当する．民間セクターは，1980年代において，ケア供給のひとつのセクターとして確立し，成長し，他のセクターと並列して語られるようになった．後に述べるように，高齢者のための施設ケアに関しては，1980年代の英国では，政府セクターから私的企業の手中へと移行した．移行によって新たな課題も生起したが，米国の先例からして，資本主義の発達プロセスとして，民間セクターがさまざまな形態の対人サービス供給へ進出することはとどめることのできない不可避なこととしてとらえられた．

家族を中心としたインフォーマルセクター

家族を中心とした，インフォーマルセクターによるケア供給は，4つのセク

ターのなかで，最も古くから存在したケアの供給セクターである．そして，第2次世界大戦以前には，ケア供給のほとんどがこのセクターによって担われていた．しかしながら，このセクターの存在が学問領域で注目され，政府セクターで供給されるケアと並列して語られるようになったのは，英国においても，民間セクターと同様，1980年代になってからのことである．

英国での，インフォーマルセクターの定義は，家族を中心として親族，友人や近所の人を含む．家族は「血縁」によって，親族は「親族ネットワーク」によって，友人は「友情」によって，近所の人は「地理的近接性」によってというように，この領域のケア供給は，ケアされる人を中心として，その人間関係，すなわち個人的ネットワークによって左右されているとみなされている．日本は，「家」制度の残存意識によってか，ケアされる人を含む家族を中心としたネットワークとなりやすいのに比べ，英国は，ケアされる人を中心とした個人的ネットワークが一定のケア供給を担っている点で，日本と異なっている．

ただし，英国においても，同じインフォーマルセクターに位置づけられていても，家族，親族，友人，近所の人では，その担うケアの内容がかなり異なっている．家族は肉体的密着を必要とするケアも供給するのに対し，友人や近所の人は，買い物・掃除など簡単な家事や話し相手などの心理的ケアに限定される場合が多い．

友人，近所の人および親族は，短期的あるいは緊急時のケア供給において無視できないネットワークとしてなお存在しているが，今日の地理的移動にともなうネットワークの地理的拡散などにより，全体としてみると家族によるケア供給をわずかにサポートするにとどまっている（Stevenson, 1989）．したがって，インフォーマルセクターによるケア供給については期待が強まる一方，親族関係と友人関係が重層して強い近隣関係が築かれているような地域を除いては，ほとんど家族の肩にかかっているのが現実であることが明らかにされている．このような実態を背景として，インフォーマルセクターは，場合によっては，家族セクターという用語に置き換えられて論じられる場合もある（Finch, 1991）．

第2節　ケアをめぐる見解の相違

1　対象範囲の設定における供給と需要

社会政策の対象は法定上の義務が左右

　福祉多元主義や福祉ミックスの立場からのケアの議論は，ともすれば，ケアの供給視点にとどまりがちである．一方，フェミニストの家事労働研究でのケアの議論は，ケアの担い手にとっての労働としての位置づけのあり方に光をあてることにとどまりがちである．第1章で筆者が指摘したように，ケア労働すなわち生命再生産労働は，「受け手である個人に対しては，幸福と生活の質の向上をもたらすことが本来の目的」である生命再生産の側面を視野に入れることが大切である．したがって，ケアの受け手すなわち需要者の視点を含むケアの議論も求められる．

　では，ケアは，どのような人びとが必要（need）とし，どのような人びとを対象としておこなわれているのだろうか．ケアの需要者とみなされる人びとの範囲に関しては，社会政策の視点から出発するか，それとも家事労働の視点から出発するかによって異なっている．

　まず，社会政策分野において，ケアの需要者について語る場合，ケアを必要としている「顧客（client）あるいは患者（patient）」として，狭い範囲に限定される場合が多い．というのは，社会政策が関心をもつケアの需要者は，その時々の法定上の義務（statutory duties）にしたがって，政府セクターによる対人サービス供給の範囲が，どのような対象者までを含んでいるかを反映している場合が多いからである．

　当時の英国の政府セクターは，ケアのおもな対象者として，子ども，高齢者，精神障害者，身体障害者を設定し，これらの対象者に関するさまざまなサービスを供給していた（Johnson, 1990）．したがって，社会政策分野におけるケアの需要者をめぐる議論は，おもにこれらの人びとへのケアの供給を前提としたものであった．

家事労働研究での対象は女性が遂行するすべてのケア労働

　フェミニストの家事労働研究において，ケアの需要者について語られる場合

には，その含む範囲が，社会政策より広くなっている．というのは，フェミニストの場合は，ケアを「女性が家族内で，他の家族員のために，無償でおこなっている対人サービス労働」ととらえることから出発しているからである．そして，家事労働という形で女性が担う無償労働は，社会全体のケアの一部を担っていることをできるかぎり明確にさせるために，その需要者の設定をしているからである．したがって，家事労働研究において指摘されるケアの需要者の範囲は，その時々の女性たちが，どのような対人サービス労働を遂行しているかを反映したものとなる[6]．

　フェミニストの家事労働研究においては，ケアの需要者は大きく２つのグループに分けることができる点が指摘された．ギリアン・パスカルによれば，第１のグループは，自分自身でできるにもかかわらず，自分以外の人すなわち妻や母親のケアを期待する夫やティーンエージャーの子どもであり，第２のグループは，健康や生存を維持するためには密接なケアを必要とする乳幼児や虚弱な高齢者である（Pascal, 1986）．第２章で概念化している家族機能分類によれば，前者のグループを対象としたケアは，家族の「情緒機能」の遂行と密接に関連しているものである．一方，後者のグループを対象としたケアは，家族の「生命再生産機能」として遂行され，今日では，家族外で遂行されるケアとの関連を強めているものである．

　また，フェミニストの家事労働研究においては，ケアの需要者として，自分自身を含める場合もある．ケア労働と家族規範の研究で著名なジャネット・フィンチは，家族内の女性は，自分自身に対するケアも含む，以下の４つのグループへの無償のケア供給を通して社会的ケアに貢献していると考えることができると述べた（Finch, 1991）[7]．

　　①健康あるいは病弱な子どものケア
　　②健康あるいは病弱な成人男性のケア
　　③虚弱な高齢者のケア
　　④自分自身の健康を維持するためのケア

2 ケアに含まれる労働の要素と愛情の要素

　ケアには，労働の要素と愛情の要素が含まれている．家族によるケアは両方が絡み合っているのはいうまでもないが，家族内から家族外へと移行した賃金労働としてのケアであっても，人間を対象としているゆえに，労働の要素のみでなく愛情の要素が加わっている．また，寝起きや入浴をサポートするような肉体的労働を高度に必要とする肉体的ケアも，話し相手や電話によるご機嫌うかがいといった心理的ケアも，ともに愛情と労働の要素を含んでいる．このような見方は，1980年代の英国においては，フェミニストのみでなく，ケアを研究対象としている多くの社会科学者によっても支持された．

　しかしながら，ケアという言葉は，どちらか一方だけ，とくに愛情の要素が強調されるという問題も生じてきた．たとえば，1980年代以降の英国のコミュニティケアに関する政策実践においては，ケアをインフォーマルケアとフォーマルケアに分けて，前者に含まれる愛情要素をより強調する一方，後者には労働効率を求める方向へと進んでいった．そして，グリフィス報告にみられるように，「ケアには愛情が重要，それゆえ，ケアは合理性を基盤としたフォーマルケアより愛情を基盤としたインフォーマルケアの方が望ましい」という論理も生み出してきた（Griffiths, 1988）．

　このように，ケアという言葉は，時として，そこに含まれる労働の要素を覆い隠し，愛情の要素を強調する響きをもっている．したがって，フェミニズムの家事労働研究が，家族内での対人サービス労働に対して，社会政策と同じケアという言葉を用いたことは，女性が担う家事労働が社会全体のケア供給の一部を担っていることを明確にできたというプラス面をもつ一方で，ケアという言葉に含まれる愛情の要素の重みから生じるマイナス面にも直面することになったのである（Ungerson, 1990；Graham, 1991）．

第3節　英国のコミュニティケアのあゆみ

1　コミュニティケア政策の変質

施設ケアからコミュニティケアへ

　英国のコミュニティケアについては，多くの先行研究によって分析・記述さ

れているので，重ねて述べるまでもないが，以下のようなあゆみを辿ったことは，ほぼ共通理解となっている．

英国においては，コミュニティケアの考え方の原型は，1世紀以上も前に生み出されたものである．そして，それが意味する内容は時代とともに変化してきた．原型は，19世紀から20世紀への変わり目に，精神障害者の人びとを，隔離された施設から地域密着型の小規模な施設に移すべきという議論の中から生み出されたものであった．しかし，そうした考えが，政策実践に移されたのは1950年代になってからである．その後，1970年代の初頭までには，コミュニティケアの考えは，すべての対人サービス供給に対して広範囲に適用されるようになっていた．ただし，この時期においては，叙述を実践に移す政策はあまり鮮明ではなかったと指摘されている（Parker, 1985；Henwood, 1990）．

1970年代初頭において，コミュニティケアの考え方が意図していたものは，大規模施設でのケアから，地域に根ざした小規模施設でのケアへと移行すること，これによってコミュニティのなかでの（"in" community）ケア供給をおこなうこと，同時に，ケアされる人をできるかぎりノーマルな状態のなかでケアするために，政府セクターがボランタリーセクターによる援助サービスを育成すること，などであった．したがって，この時期においては，コミュニティケアという用語に含まれるコミュニティとは，ケアの場所（location）を示すものであって，施設やケア供給の責任は，政府セクターにあるとみなされていた．他方，この頃までは，コミュニティケアのケア供給を構成する領域として，インフォーマルセクターや民間セクターは議論のなかに組み込まれていなかった（Bulmer, 1987）．

コミュニティケア政策の変質

財政削減への必要性が高まるなかで，1970年代にはコミュニティケアの考え方は少しずつ変質した．さらに，1980年代になると，サッチャー政権のもと，その「民営化（privatization）」の政治信念や後期高齢者人口の増加にともなう高齢者ケア需要の高まりなどを背景として，政策実践の次元においては，コミュニティケアの目的は，1970年代初頭のそれとは大幅に異なるものとなった．

その変化は，1981年の政府白書（*Growing Older*）をみると明らかである．

「……サポートとケアはおもに，インフォーマルセクターとボランタリーセクターによって供給される．これらは，親族，友人，近所の人などの個人的紐帯によって生み出されるものであり，かけがえのないものである．そうした紐帯を維持し，必要ならば強化することが，政府セクターの役目である」（DHSS, 1981：3）と述べられている．

　ここにおいては，コミュニティケア政策のめざすものは，政府セクターの役割についてケアを直接に供給することから，他のセクターによるケア供給を調整することへと変化させること．したがって，ケアの直接供給は，インフォーマルおよびボランタリーセクターといったコミュニティの人びとによって（"by" community）おこなわれるよう促進すること，などとなった．しかし，この報告書においては，ケア供給において第一線に立たされているのは誰であるのかについては曖昧なままであった．また，コミュニティケアを現実化させるための資金配分についてもほとんど語られなかった．

　それが，1980年代末の政府白書（*Caring for People*）においては，ケア供給に関する中央政府の意図はより明確にされた．そこには，ケア供給に関して以下のような6つの目的が明記された（DH, 1989）．

①ケアの需要者ができるかぎり家族内で暮らすことができるように，在宅サービス，デイサービス，そして，一時サービスの発達を促進すること．
②ケアする人（carers）は，家族，友人および近所の人であり，これらの人びとに対する実践的援助の供給を保証すること．
③地方政府の対人サービス部門は，ケアの需要者の必要性への適切なアセスメントと，高品質のケアを保証するためのケースマネイジメントを確立すること．
④民間セクターとボランタリーセクターによるケア供給を最大限に利用すること．他方，政府セクター，すなわち地方政府の対人サービス部門は，権能付与機関（enabling agencies）として，他の供給主体が力をもった存在になるように援助する役割に徹すること．
⑤それぞれの機関の責任を明確化すること．
⑥税金を無駄使いしないように，社会的ケアのための新しい資金構造を導入

すること．

　以上の6つの目的を総合すると，中央政府は，ケアの直接供給の構造において，家族を中心としたインフォーマルセクターにてケアする人がケアの第一線に立ち，これらをサポートするさまざまな形態のケアを民間セクターやボランタリーセクターが供給し，さらにこれらを地方政府がケアの需要者およびケアする人の状況に応じて調整するという構図を描いていたことが理解できる．

2　コミュニティケアが支持された理由

　英国におけるコミュニティケアの考え方は，サッチャー政権下で政策と実践の本格的な取り組みが開始されるまでの間に，さまざまに変化してきた．そして，考え方の実現を裏付けるための，地方政府やボランタリーセクターへの資金の移行がともなわない段階においては，この政策を通して社会的ケアが十分に供給されるかどうかに対して疑問を投げかける指摘もみられた．にもかかわらず，どうして英国においてコミュニティケアという考え方が，さまざまな人びとによって注目され議論されたのだろうか．

　英国政府の公式見解は，「コミュニティケアは，高齢者にとってノーマルでベターなケアが供給できるから」というものであった．一方，一部のフェミニストの主張する「女性労働をより搾取できるため」といった指摘は，一面において正しいが，こうした単純な要因だけでは，コミュニティケアがなぜ合意を獲得したかは説明できない．コミュニティケアについては，さまざまな関心をもった人びとが政治過程において，それぞれ発言の機会を与えられた．コミュニティケアの考え方が注目された背景には，以下のようないくつかの要因が指摘できると考えられる．

　第1は，1960年代末以降の英国における政治的な左翼の立場での福祉国家批判があげられる．それは，政府セクターによるケア供給が，結局，国家による人びとへの抑圧や支配をもたらす可能性を指摘するものであった．この指摘は，当時すでに存在した大規模施設におけるケアの批判と結びつき，地域コミュニティという単位での自立性の回復，ケアの需要者によるコントロール，また，ケア供給の脱専門化などへの期待を生みだした．皮肉にも，こうした期待

は，ケアの使用者（ケアの需要者およびケアする人）による自己決定の重視として，1980年代末の政府白書のなかに組み込まれることになった[8)][9)]．

第2は，逆に，政治的な右翼の側からの影響である．このグループは，地域コミュニティのイメージが彼らの重視する伝統的な地域社会，自助（self-help）や家族の絆（family tie）といったものを再活性化させるものとして歓迎した．

第3は，すでに指摘したように，公共支出の削減の必要性が高まる一方，後期高齢者人口の増加にともなうケア供給の需要が予想されたことである．このため，コストが安くてすむインフォーマルセクターのケア供給を強化する必要性が高まったからである．

以上のように，コミュニティケアという用語には，さまざまな立場からの，さまざまな解釈や期待をもりこむことが可能であるために，広範囲な支持を集めたものと考えられる．

第4節　高齢者ケア供給の構成変化と「家事労働」

1　ケア供給の構成変化

コミュニティケアの考え方が，サッチャー政権下で政策実践へと移されたことは，高齢者に対するケア労働の配分と協働にどのような変化をもたらしたのだろうか．また，それは，高齢者の暮らしや家族内でケアする人にどのような影響を及ぼしたのだろうか．ここでは，高齢者の施設ケアにおける供給構成の変化や在宅ケアの有料化の実態，および，それらの帰結についてみておきたい．

1980年代の英国においては，高齢者の施設ケアの供給において，政府セクターから民間セクターへの移行がみられた．これは，本書のケア労働の配分と協働をめぐる分析枠組みでみれば，「公務労働」から「企業労働」への移行を意味する．

監査委員会（Audit Commission）によれば，サッチャーが首相に就任した1979年から1986年までのわずか7年間で，民間セクターが経営する高齢者ケア施設（private residential homes）は，ホーム数，定員数ともに3倍になったのに対し，地方政府やボランタリーセクターが経営するホーム数は，この間横ばいであった．これを構成比の変化でみると，地方政府により運営されるホ

ーム数は，1979年には全体の65％を占めていたが，1986年には50％以下へと低下した．その後，保守党色の強い地方政府の場合は，自己の運営していたホームを民間セクターへと売却したので，さらにその幅を狭めたのである（Johnson, 1990）．

地方政府の高齢者施設や長期療養型の病院を退出させられた人びとは，結局は，地域コミュニティ内で独立して生活することはできず，企業や個人経営の民間ホームに入居したのである．そして，このための費用の大部分が，社会保障費からまかなわれた．こうして，英国の政府セクターによる施設ケアを縮小する当時の試みは，社会保障費による民間の高齢者ホームへの入居援助金の支払増を導き，公共支出の削減には通じず，公共支出が異なった政府部局間を移動したにすぎない点が批判された（Audit Commission, 1986）．

一方，高齢者ケア施設の民間化は，1990年代に入ると，多くの高齢者にさまざまな問題をもたらした．民間ホームの入居料が上昇し，家族や親族によってかなりの金額が上積みされないと入居できない状況が起こったからである．したがって，「……現行の政策に変化がないとすると，高齢者の金銭的サポートは家族の責任であるという昔の考え方に戻ることになる．このことは，家族への金銭的依存を好まない高齢者に苦痛をもたらす」と指摘された（Stevenson, 1991：15）．

ただし，当時の英国では，高齢者のうち施設ケアを受けている比率はわずかに3％であった．その他の大多数の高齢者は，地域コミュニティのなかの個々の世帯で暮らしていた．そして，ひとり暮らしのものも多かった．とくに，女性高齢者は半数以上がひとり暮らしであり，1985年世帯調査（General Household Survey）によれば，80歳以上に限ってみるとその比率は61％であった[10]．また，長期の病気にかかっているものも多いことが明らかとなった[11]．こうした在宅の高齢者に対して，コミュニティケア政策がめざしてきたような給食サービスやホームヘルプの充実といったことは達成されたのかといった点についての批判も提出された．1976年から1986年までの変化を分析した結果，政府セクターによって供給される在宅サービスは，高齢者人口の増加に追いついていなかった．したがって，外部からの在宅ケアの供給レベルは貧弱であり，需要に見合っていない点，とくに，世帯内に成人女性がいる高齢者の場合，外

部の在宅ケアが供給されにくい点が指摘された（Parker, 1985）．

さらに，政府セクターによって供給されるケアが有料化の方向に進むなかで，外部の在宅ケアを利用できるかどうかは，ますます収入に左右されるようになったのである．そして，住環境もよく職業年金を享受する比較的豊かで，外部のケアを選択的に利用できる高齢者層，他方，外部からのケアの供給を必要としているにもかかわらず，ケアの有料化や社会保障体系の変更のなかで貧困状態におかれている高齢者層といった二極化が生じたのである（Stevenson, 1991）．

2 コミュニティケア政策と「家事労働」

前節のような状況のなか，ケアの第一線に立たされた家族の負担は重くなった．「コミュニティケアとは，家族とくに核家族によるケアを意味している」（Johnson, 1990：170）ともいわれた．そこで，1985年世帯調査では，家族を中心としたインフォーマルセクターにおいて，高齢者・病人や障害者などを対象としたケアを担っている人（informal carer）について把握するための大規模な調査が初めて実施された．その結果から，以下のような点が明らかにされた（Henwood, 1990）．

①成人の7人のうちひとりはケアの担い手である．1985年時点では，英国の600万人がケアする人の状態にあり，うち170万人が同一世帯内でケアをしている．また，600万人のうち76％が65歳以上の人を対象としたケアを担っていることから，456万人がインフォーマルセクターでの高齢者介護の担い手であることが推計された．

②ケアを担っている人の男女内訳は，女性が350万人と男性の250万人を上回っている．インフォーマルケアの供給者に占める女性の割合が男性のそれを上回っていることが再確認された．一方，予測されていた以上に，男性がインフォーマルケアを担っていることが発見された．とくに，65歳以上でインフォーマルケアの担い手となっている人の割合を男女で比べてみると，女性の場合，65歳以上女性人口の12％であるのに対し，男性の場合，65歳以上男性人口の14％と推計され，自らが高齢者でありながら

ケアの担い手となっている人口割合は男性が女性を上回った．
③男性は女性より外部のケアに依存する傾向があるという予測は間違っていなかったが，正確に分析すれば，外部のインフォーマルケアへの依存の度合いは男性の担い手が女性の担い手を上回っているものの，フォーマルケアへの依存の度合いは担い手の性別による違いはないことが指摘された．
④インフォーマルケアが対象としているのは，担い手の5人のうち4人は身内，また，担い手の5人のうち2人は親である．さらに，5人のうち2人は，配偶者のケアと同時に別の世帯の人のケアにも従事している．
⑤65歳以上の担い手の場合や同一世帯内でケアしている場合，その半数以上は，週あたり50時間以上のケアに従事している．

1985年世帯調査ではじめて導入されたインフォーマルケアに関する質問の諸結果は，英国がその後，介護者支援（support for carers）に本格的に取り組む原点となった．家族規模の縮小，既婚女性の就業率や離婚率の上昇などの要因から，家族によってケアが供給されつづけるどうかは不透明としながらも，家族が依然として高齢者のケア供給において大きな役割を果たしていることが把握されたのである．

そして，1989年政府白書では，家族内でケアされることが必要な状態にある人の権利と，それと対立する可能性を秘めたケアする人の権利をどのように考えていくかが，今後の家族によるケア供給を規定する重要な要因となるだろうと指摘された（DH, 1989）．

3　英国の家族介護者支援策の展開

インフォーマルケアの供給者である介護者に向けた政府セクターによる支援策は，矛盾に満ちたものになりやすい．

英国では，コミュニティケアという名での施設ケアから在宅ケアへの移行のなか，ケアを支えるインフォーマルセクターの介護者として，同居・別居を含む家族，それに加えて近所の人が発見され，その支援が開始されたのである．介護者支援の背後には，家族をはじめとしたインフォーマルな介護者に「公務労働」を補完もしくは代替させることによって，ケア供給の持続性と財政支出

の抑制を同時に図りたいという政策的意図があったことは確かである．一方，そのような意図があったからこそ，インフォーマルな介護者の位置づけを明確にし，彼らに対してサービス給付や介護手当の支給，社会保障上の優遇措置などの広範多岐にわたる支援策を講じてきたのである．

　サッチャー政権の継承者である保守党のメジャー政権のもと，1995 年には，コミュニティケアに関する一連の法律のなかで，介護者の役割を認めた最初の「ケアラーズ法（The Carers Act 1995）」が制定された．なお，この法が対象にする「ケアラーズ（carers）」は，家族をはじめとしたインフォーマルセクターにおいて定期的に相当量のケアをする人で，ここでのケアの範囲には，介護のみではなく育児や養護も含むものとなっている．1995 年のケアラーズ法の成立時点では，介護者支援のための財源や具体的内容は不十分なものにとどまっていたが，その後，次々と介護者のための総合的な政策が展開されている（三富，2008；湯原，2010）．保守党から交代したブレア労働党政権下での 1999 年「介護者全国戦略（Caring about carers：a national strategy for carers）」を踏まえ，2008 年と 2010 年に新たな戦略が打ち出されている（DH，1999；2008；2010）．

おわりに

　本章が示す英国の経験は，日本のケア労働の配分と協働のあり方を考えていくうえで，さまざまなヒントを与えてくれる事例と考えられる．

　ケアという言葉は，「家事労働」と社会政策との関連をみるうえでのキータームである．この言葉を通して，1980 年代以降の英国においては，インフォーマルケアとしての「家事労働」と社会政策上の課題との関連や，「家事労働」が他のケア供給セクターとともに社会的ケアの一部を担っていることを明らかにしてきた．そして，1985 年世帯調査で把握されたインフォーマルケアの実態を踏まえ，介護者支援（support for carers）に本格的に取り組むことを開始した．そこでは，インフォーマルケアが社会のケア供給全体のなかで重要な役割を担っていることを確認するとともに，それを根拠として，政府セクターがインフォーマルケアの担い手である介護者を支援することを開始したのであ

る．

　介護者支援の具体的措置は，サービスの給付，介護手当の支給や再就職支援など，いまでは総合的なものとなっている．また，ケアマネージャーなどのフォーマルケアの従事者は，在宅ケアにおける被介護者と介護者の双方の声に耳を傾け，双方の権利を視野に入れながら仕事をする力量が求められるようになっているなど，フォーマルケアのあり方にも課題を突きつけている．

　なお，英国の福祉多元主義のもとでは，インフォーマルなケアの担い手として，家族とともに，友人と近所の人を含めている．そして，ボランタリーセクターでの活動は，インフォーマルケアではなくフォーマルケアに分類している．したがって，本書のケア労働（生命再生産労働）の枠組みに照らしてみると，英国の福祉多元主義の考えのもとでのインフォーマルケアの担い手は，「家事労働」と地縁型「地域労働」に相当している．

1)　英国のフェミニストによる家事労働研究の大きな流れとしては，1970年代初頭までは，家事（housework）と主婦（housewife）のポートレートを描くことであった．それが，1970年代半ばから1980年代初頭にかけて，マルクス主義経済学の影響を受け，用語は，それまでの"housework"から"domestic labour"へと変化し，家事労働と資本主義との関係分析に比重が移行した．それが，1980年代になると，社会政策からの影響を強く受けるようになった．

2)　それまでの多元主義の知的流れが，社会政策の分野に適用されて「福祉多元主義」という言葉がはじめて登場したのは，ボランタリー組織について論じた1978年の『ウォルフェンデン報告』であるという見方は大方の一致するところである．同報告は，福祉国家体制が成熟化を遂げた段階での民間の福祉活動の役割について検討するとともに，福祉国家体制には4つの下位システムが存在することを指摘した．そして，それらのシステムが福祉国家体制のもとでも相互に補完しあいながら併存する状況が維持されるのが望ましいという考え方を提示した（Wolfenden Report, 1978）．福祉多元主義の政策対象にはケア労働も含まれているが，必ずしもケア労働の供給のみを対象とした考え方ではない点は留意が必要である．

3)　「福祉ミックス（welfare mix）」あるいは「福祉の混合経済（mixed economy of welfare）という概念も使われている．福祉ミックスや福祉の混合経済という概念は，福祉多元主義と全く同義の概念として使われる場合もあるが，市場部門と公的部門の混合による混合経済体制という経済学的発想がベースにあるため，福祉ミックスや福祉の混合経済の構成部門として，家族・民間市

場・国家という3部門，あるいは市場部門・公的部門・インフォーマル部門という3部門が設定されることもある（大山他，2000：31-32）．
4)「ゆりかごから墓場まで（from the cradle to the grave）」は，第2次世界大戦後の英国労働党の社会保障スローガンであった．社会保障の対象が拡大するにつれ，対人サービスも含まれるようになった．
5) フィリップ・アブラムとマーチン・バルマーの著作では，英国の地域コミュニティに先駆的に設立された，1980年代の「ボランタリーネイバー」の具体的事例について扱っている（Abrams and Bulmer, 1986）．その後，「ボランタリーネイバー」は英国各地に普及をみせ，いまでは地域住民同士の支え合い組織として多様な「地域労働」を供給している．各地の「ボランタリーネイバー」に共通する目的は，高齢者が自宅で過ごせることであり，庭仕事，防犯，テレビショッピングや住宅・福祉関連給付などについての支援や助言などを地域住民同士でおこなっている．第4章で記述している「パリッシュ（parish）」を主な地理的範囲として設立されている場合が多い．
6) 英国のフェミニスト研究におけるケアの需要者の設定は社会政策のそれに比べると広いが，社会政策に影響されて，スカンディナビア諸国のフェミニスト研究におけるケアの需要者の設定と比べると，限定された範囲に用いられる場合が多いと指摘されている（Ungerson, 1990）．
7) ケア労働についての研究者であるジャネット・フィンチは，実証的研究にもとづいて，コミュニティケアの現実は，家族によるケアを意味すると同時に，女性によるケアを意味するのではないかと主張した．具体的には，依存状態にある人の家庭におけるケアは，家族によるケアであり，それは通常，妻，母親，娘，姉妹などによって担われているうえ，地域コミュニティでのインフォーマルおよびボランタリーな援助というのも多くは女性のボランティアであり，近隣の女性であること，しかも，圧倒的に重要なのは家族によるケアであるが，これは現代においては，ひとりの女性を意味することが少なくないこと，この場合，その女性にかかる身体的，心理的，経済的な重荷は大変なものであり，その女性の「人生を支配してしまう」性質のものであることなどについて指摘した（Finch, 1991）．
8) 1989年白書（*Caring for People*）は，前年のグリフィス報告を土台として作成されたものである（Griffiths, 1988：DH, 1989）．
9) オリーブ・スティーブンソンによれば，需要者のコントロールという点からみれば同じであるが，政治的レフトの場合は，"empowerment" を意味し，政府白書では "consumerism" にもとづいている点で異なっているとのことである（Stevenson, 1991）．
10) 英国の General Household Survey（GHS）調査は1971年に開始され，世帯の実態を把握するために統計局によって，見直しのために中断された1997-

2000年の時期を除いて，ほぼ毎年実施されているものである．なお，GHS は 2008 年からは The General Lifestyle Survey（GLF）と名称が変更されている．
11）民間ホームへの入居料サポートという形で，社会保障体系を通じて支払われた金額は 1979 年から 1986 年の間に 50 倍となった．これは，サッチャー政権が企業セクターによるケア供給の育成をめざしていることの反映として批判されたが，1989 年白書では，政府自らがこうした資金の流れに歯止めをかける目標を掲げた（DH, 1989）．1993 年から地方政府の責任へと移行した．

第4章
英国におけるコミュニティケアの推進
地縁型「地域労働」・市民型「地域労働」の再編をめざして

はじめに

　第3章でも記述したように，英国は日本より一足先に，コミュニティケアという名のもとに，1980年代にケア労働（対人サービス労働）の供給構造の変革へと舵を切った．その際，ボランタリー団体や家族とともに，近所の人や地域密着の住民団体・組織も，ケアの一部を担っていることが明らかにされた．また，それらが担っている役割の重要性が再確認されるにつれ，それらの団体・組織をエンパワーメントすることを意図した政策がつぎからつぎへと展開されるようになった．したがって，本章では，英国のコミュニティケアの推進と地域住民組織に関連した政策のあゆみについて検討することで，今後の日本の「地域労働」を展望するうえでの留意点を引き出すことをねらいとしている．
　まず，近年の英国の地方自治制度再編のなかでの，パリッシュもしくはパリッシュ議会（parish council）の機能強化の動きについて述べる．そのうえで，パリッシュ議会と比較しながら，コミュニティ協議会（community association）やネイバーフッド議会（neighbourhood council），そして，ボランタリーサービス評議会（council for voluntary service）といった他の地域住民組織の創設の背景，その形態や機能，そして変遷と現状などについて把握する．
　つぎに，地方自治制度再編が地域住民組織にどのような影響をもたらしたのかについては，首都ロンドンやイングランド中西部に位置するノッティンガム（ノッティンガム・カウンティ（県）と単一自治体であるノッティンガム・ユニタリー（市）の両方を含む地域）の地域住民組織を対象として分析する．最後に，行政を相手とした地域住民組織の協議機能の向上をめざしたシステムづ

くりがどのように模索されているのか．ノッティンガムを一事例としてその現状と課題についてみておきたい．

第1節　地方自治制度の再編とパリッシュ議会の機能強化

1　1990年代の地方自治制度の再編

地方自治制度再編のあゆみ

連合王国である英国の地方自治制度は，日本のような全国一律ではない．イングランド，ウェールズ，スコットランド，北アイルランドの4つの地域にはそれぞれ別個の制度が存在してきた．また，イングランドでは，大ロンドン地域，六大都市圏地域と非大都市圏地域のそれぞれの間で地方公共団体の編成に相異がみられてきた．ここでは，イングランドを中心にして，地方自治制度の再編のあゆみをみることにする．

1963年ロンドン自治法および1972年地方自治法は，19世紀末から続いてきた旧来の地方自治制度を大幅に改め，行政運営の効率化をめざしたものである．そこでは，小規模地方公共団体の廃止や広域化・統合化により行政区画を拡大することで，イングランドのすべての地域を日本の都道府県に相当するカウンティ（county council）と市町村に相当するディストリクト（district council）の二層制の地方自治制度に画一化した．同時に，両者の事務配分の調整をおこなった．この再編により，第一層としての都道府県カウンティは，大ロンドン地域には大ロンドン都（Greater London Council）が唯一，六大都市圏には6県，そして非大都市圏地域には39県が設置された．また，第二層の市町村ディストリクトは，千数百あった旧市町村が，大ロンドン地域33，六大都市圏地域36，非大都市圏地域296へと整理され，その数は平均して4分の1程度へと減少した．

しかし，1986年，保守党のサッチャー政権の方針により，大ロンドン地域と六大都市圏地域では都道府県カウンティが廃止され，市町村ディストリクトが地方行政サービスを担当する一層制となった．その後，1992年地方自治法にもとづき，イングランドの非大都市圏地域において地方公共団体を二層制から一層制へと再編する作業が開始された．前段は都道府県カウンティ単位で，

後段は特定の市町村ディストリクトを対象として実施された．5年近くの歳月をかけた検討の後に政府による最終決定が発表されたのは1996年3月であった．

再編の結果は，非大都市圏地域における都道府県カウンティと市町村ディストリクトの両方からの反発などにより当初の見込みから大きく後退した．それは，5カウンティの廃止と一層制地方公共団体であるユニタリー（unitary authority）を47設立するにとどまった．したがって，非大都市圏地域における地方公共団体の編成は，都道府県カウンティによって異なる結果となった．すなわち，大きく分けて，都道府県カウンティを廃止してユニタリーのみに再編する「完全一層制」，一部の区域にユニタリーを設立し，残りの区域には都道府県カウンティと市町村ディストリクトの二層制を維持する「一部一層制」，全区域で二層制を維持する「二層制維持」といった形態が混在することになった．また，団体数でみると，非大都市圏地域のそれは，再編前が「39都道府県カウンティ・296市町村ディストリクト」であったが，再編後は「34都道府県カウンティ・238市町村ディストリクト・47ユニタリー」となった[1]．

1997年にブレア労働党政権が誕生して以降，地方自治制度変革はそれまでの財政効率の視点に，地方分権の要素が加味され，さらに進められた．北アイルランド，スコットランドおよびウェールズの3地域での地域議会の設立，また，大ロンドン地域において2000年7月からロンドンの広域行政を担当する大ロンドン庁（Greater London Authority）が新設されたこと[2]．さらには，ロンドンを除く8地域別に国の出先機関を地域開発公社というひとつの機関へと統合したこと，といった変革である．

地方自治制度再編と地域住民組織

英国の地域住民組織は，その名称，形態や機能は固定的なものではなく，都市化の進行にともなうライフスタイル（生活様式）の変化，地方自治制度の再編，そして民主主義や市民感覚の成熟といった要因に影響を受けて，大きく変容をみせてきた．これらの要因の影響を受ける度合いは各地域で異なっていること，また，大都市圏地域と非大都市圏地域の違いが大きいなど，全地域に画一的に制度化されている地域住民組織が存在しないことから，どのような形態

や機能をもった地域住民組織が「地域代表性」をもっているかはかなりの多様性があり，全国一律にはとらえにくい．

したがって，英国では，中田実が提示した地域住民組織の4類型，すなわち「代議型」「結社型公共団体」「結社型地域共同団体」，「結社型任意団体」のそれぞれの類型にあてはまる地域住民組織がいずれも存在する（中田，1997）．また，そのように地域住民組織の形態や機能が多様であることに加え，地方自治制度の再編とコミュニティケアの推進のなかで，英国の地域住民組織をめぐっては，以下のような今日的特徴を指摘できる（後藤，2000；Goto，2003）．

第1は，地方公共団体と地域住民組織の中間形態であるパリッシュ議会（parish council）が非大都市圏地域の田園地帯を中心として広範に存在している．また，近年の地方自治制度再編のなかで，その機能強化がめざされている．

第2は，結社型任意団体である地域住民組織すなわち，ボランタリー団体の成熟度が高く，代議型や結社型地域共同団体である地域住民組織の一部や下位としてではなく，それらと並列した位置づけを与えられている．

第3は，コミュニティケアの推進のもと，結社型任意団体である地域住民組織は，ケア供給をはじめとした行政サービスの委託先としての位置づけが高まっている．

第4は，多様な形態や機能をもつ地域住民組織と行政との協議機能を向上させるため，地域開発ワーカー（community development worker）などの専門職が大きな役割を果たしている．

2　非大都市圏地域におけるパリッシュ議会の機能強化
パリッシュの起源は教区

パリッシュ（parish）は一定の範囲の地域コミュニティを示すものであり，その範囲に草の根のローカル団体が組織化されている場合にはパリッシュ議会（parish council）と呼ばれる．

前項に述べたように，1972年地方自治法は，基本的な地方公共団体（principal council）を都道府県カウンティと市町村ディストリクトの二層制へと移行させる大幅な改革をおこなった．一方で，市町村ディストリクトの下位に位置する草の根的なローカル団体であるパリッシュ議会については，ほぼそのまま

の姿を維持させた[3]．加えて，300近くのパリッシュが新設された．基本的な小規模地方公共団体の統廃合にともない，合併後の新しい市町村ディストリクトの区域内に中心市街地から離れて旧市町村の市街地が存在した場合に，旧市町村の区域を範囲として新たにパリッシュとして設立されたものが多い．

パリッシュの起源は，その名称から連想されるようにキリスト教の教区であり，中世の荘園であるマナー（manor）の領域と一致していた．16世紀頃から行政が教会の線引きによる境界を利用するようになり，パリッシュは非教会的な地域業務も処理するようになった．住民に直結した道路の維持・管理や貧民救済などで重要な役割を果たした．1889年，パリッシュとは，「独立した救貧税（poor rate）が賦課されている又は賦課されうる地域，あるいは，独立した救貧委員が任命されている又は任命されうる地域」をいうと定義され，地方公共団体としての位置づけを与えられた．一方，19世紀末以来，一貫して多くの権限がより上位の地方公共団体に移されるなかで，地方行政サービスの担い手という側面からパリッシュ議会をみれば，その役割は低下していた．

1990年代になって地方行政制度再編の動きが開始された頃には，パリッシュ議会は草の根の地域住民組織としての任意的な役割をもつに過ぎなくなっていた．また，ロンドンでは，1935年以降はパリッシュが存在しなかった．そのような実態に加え，1965年に施行された「1963年ロンドン自治法（London Government Act 1963）」では，ロンドン内にパリッシュを設置することを禁止した．

以上のような流れを変えたのは，1992年地方自治法にもとづく非大都市圏地域における地方公共団体の再編作業のなかで，パリッシュ議会の役割が再び重視されるようになったことである．

パリッシュは住民の地域意識をもっともよく反映

1992年地方自治法にもとづく非大都市圏地域における地方公共団体の再編作業のなかで，パリッシュ議会は住民の地域意識（community identity）や草の根民主主義を反映する地域住民組織，あるいは，基本的な地方公共団体が一層制になることを補完する草の根のローカル団体としての期待を集めたのである．

ところで，1992年からの地方公共団体の再編作業においては2つの基準が強調された．ひとつは，新たに再編される地方公共団体が住民サービスを効率的・効果的に提供できること，もうひとつは，地域意識の共有や地域住民による支持を重視することである．英国の代表的な世論調査機関であるNOP（National Opinion Polls）やMORI（Marketing & Opinion Research International）による住民意識調査では，パリッシュが住民の地域意識を最もよく反映しているという結果が引き出された[4]．この結果から，地域意識の重視といった後者の基準を満たすためには，パリッシュ議会の役割強化が不可欠と考えられたのである．

都道府県カウンティや市町村ディストリクトが，パリッシュ議会の役割強化の具体的方向として強調したのは，それらとパリッシュ議会との協議機能の向上を図ることであった．

パリッシュ議会の実態調査

地方行政制度再編のなかでパリッシュ議会が果たす機能への期待が高まるにつれ，1990年代に入ると，都道府県カウンティや市町村ディストリクトが先導して，パリッシュ議会の実態調査が進められた．その結果，以下のような実態が明らかにされた．

イングランドには，1万強のパリッシュ，そして8000強のパリッシュ議会がある．パリッシュ議会は，地域によってはタウン議会と呼ばれている場合もある．パリッシュ議会は，単一のパリッシュを基盤としている場合が多いが，複数のパリッシュを含んでいる場合もある．

パリッシュごとにパリッシュ総会（parish meeting）が開催されている．18歳以上のすべての有権者は，この集会において発言し採決に加わることができることになっている．パリッシュ議会が設置されていないパリッシュにおいては，パリッシュ総会に議決権が与えられている．パリッシュ議会の設立は，パリッシュ総会の申請にもとづき市町村ディストリクトが措置を講ずることになっている．パリッシュ議会は，毎年定例会で選出される議長と4年任期の議員で構成されている．議員の被選挙権資格は21歳以上の有権者である．議員数は市町村ディストリクトが定めるが，5人未満であってはならないとされてい

る．

　パリッシュの人口規模は多様である．最も小さいものは10人程度，最も大きいものは4万人程度である．500人以下のパリッシュが4割を占める．一方，5000人以上のパリッシュは1割以下であるものの，パリッシュ人口全体の約半数を占めている．

　パリッシュの果たしている事務は任意的性格をもつ．それは，市民菜園の割当，集会施設，公園広場やプールなどのレクリエーション施設，火葬場，駐車場，遊歩道とその照明など地域にある施設の設置・管理である．しかし，1972年地方自治法の施行以来，市民菜園の割当以外は，その権限や機能を市町村ディストリクトと共有している．一方，地域の都市計画について，情報を供与するように希望することや意見を提出できることなど上位の地方公共団体と協議する権利は保持している．また，パリッシュは区域の事務処理に必要な財源として，課税徴収命令書（precept）を発することによってコミュニティチャージ（community charge）すなわち地域住民負担料の徴収を市町村ディストリクトに依頼することができる．

　1972年地方自治法第150条第6項によれば，パリッシュ議会は，パリッシュについての規定の金銭出納簿を設けなければならないとしているが，小規模なパリッシュを中心に，会計報告が不十分な場合も多かった．1991年にアストン・ビジネススクールが約1000のパリッシュを対象に実施した調査によれば，パリッシュの年間平均収入は当時の円換算でみると約400万円であり，無収入から最高2億1000万円までパリッシュによる収入格差は大きい．収入の3分の2はコミュニティチャージや補助金などの公的財源である．それ以外は，保有資産の賃貸料，利用料や金利などで収入をえている（Ellwood and Nutley, 1992）．

　一方，支出の3分の1は，事務職員の賃金，保険などであり，3分の2が事業費である．しかし，人口500人以下の小規模パリッシュでは過半数が人件費や保険などに支出されている．それと対照的に，人口2万人以上の大規模パリッシュでは，大半が重点事業に支出されている．

優れたパリッシュであることの認定

都道府県カウンティや市町村ディストリクトがその内部のパリッシュ議会との協議を重視するようになったこと，また，「1997年地方自治・レイト法（Local Government and Rating Act 1997）」にもとづき住民自らがパリッシュの設置を請願できるようになったことなどもあって，パリッシュ議会への関心は高まった．パリッシュ議会が供給できる行政サービスは限られてはいるが，「パリッシュこそが英国の本物の地方自治を実践している」ともいわれるようになっている[5]．

21世紀に入ってからは，パリッシュの機能強化を支援するための多くの政策が実施されている．そのひとつが，2003年度に導入された「クオリティ・ステータス（The Quality Parish and Town Council Scheme）」の認定である．「クオリティ・ステータス」は，効率的な運営や民意を代表していること，また，活動的であることの一定の基準を満たしているパリッシュに対して認定するものである．優れたパリッシュであることを証明するとともに，パリッシュと基本的な地方公共団体，地域コミュニティ，ボランタリー団体・組織との関係を強力なものとするために導入されたものであり，クオリティ・ステータスを認定されたパリッシュについては，地域コミュニティでの権限の拡大を認めようとするものである．

具体的には，認定を希望するパリッシュは，地域ごとに置かれる認定委員会に申請をおこなうことになっている．認定されたパリッシュは，認定通知を受け取った日から3ヶ月の猶予期間を経て，4年間，「クオリティ・ステータス」を保証されるというしくみである．

なお，「クオリティ・ステータス」を取得するためには，以下の7つの要件を満たす必要があるとされた（DCLG, 2006a）．

① Electoral Mandate：パリッシュ議会議員の80％以上が選挙で選ばれていること（最初の認定時のみ．再認定の場合は100％）
② Qualifications of the Clerk：有資格者の事務職員がいること
③ Council Meetings：毎年6回以上の会議を開催していること
④ Communication：年に4回以上の定期的なニュースレターを発行し，住

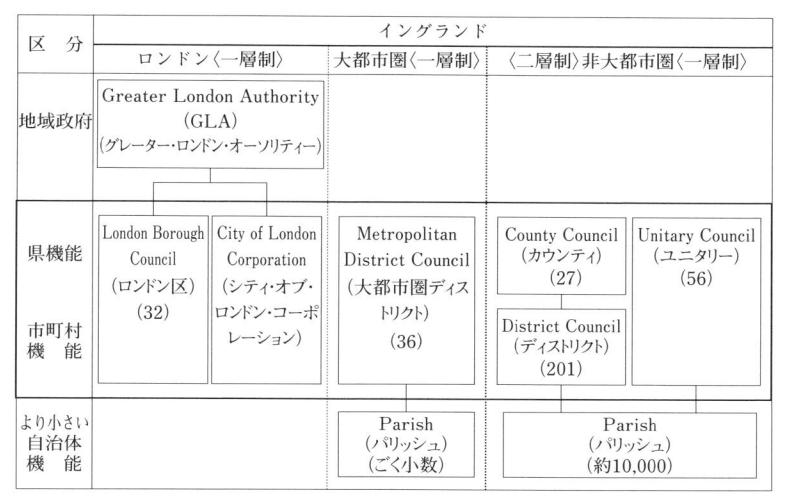

区分	イングランド			
	ロンドン〈一層制〉		大都市圏〈一層制〉	〈二層制〉非大都市圏〈一層制〉	
地域政府	Greater London Authority (GLA)(グレーター・ロンドン・オーソリティー)				
県機能 市町村機能	London Borough Council (ロンドン区)(32)	City of London Corporation (シティ・オブ・ロンドン・コーポレーション)	Metropolitan District Council (大都市圏ディストリクト)(36)	County Council (カウンティ)(27) District Council (ディストリクト)(201)	Unitary Council (ユニタリー)(56)
より小さい自治体機能			Parish (パリッシュ)(ごく小数)	Parish (パリッシュ)(約10,000)	

図 4-1 イングランドの地方公共団体とパリッシュ議会の現状
出所:自治体国際化協会『英国の地方自治(概要版)——2011年改訂版』p.17.

民とのコミュニケーションを図っていること
⑤ Annual Reports：年次報告書を発行していること
⑥ Accounts：会計監査規則に従った会計報告書を整備していること
⑦ Ethical Framework：議員の行動規範を有していること

ロンドンにもパリッシュ設置の動き

　図 4-1 にも示してあるように，2011 年時点では，ロンドンにはパリッシュが設置されていない．しかし，2007 年に成立した「地方自治・保健サービスへの住民関与法（Local Government and Public Involvement in Health Act）」において，新たなパリッシュの設置権を中央政府から地方公共団体へと移譲することとされた．この法律のもと，パリッシュの設置が認められていなかったロンドンでも，地域コミュニティおよび区（borough）にパリッシュの設置権が与えられることとなった．
　ロンドンの地域住民がパリッシュの設置を希望する場合は，一定数以上の署名を集め地方公共団体に提出しなければならないが，署名が集まれば，その提

出を受けた地方公共団体は,「地域行政レビュー (community governance review)」と呼ばれる見直し作業を実施し,パリッシュの設置提案を検討することを義務付けられるというしくみである.ロンドンは先述の通り,20世紀の前半にパリッシュが衰退したことを後追いする形で,法律によって廃止を決定した過去がある.そのロンドンで果たしてパリッシュが復活するかどうかは注目すべき動きである[6].

第2節 大都市圏地域における地域住民組織

1 都市部における地縁型住民組織づくりの模索

コミュニティ協議会とネイバーフッド議会

先述のように,1935年以降,ロンドンにはパリッシュが設置されていない.また,六大都市圏地域では,1972年地方自治法によって廃止された旧市町村単位にパリッシュが設置されたところは極めて少ない.現状では,非大都市圏地域においても,都市部ではパリッシュが設置されていない場合も多くみられる.したがって,パリッシュが設置されていないこのような都市部においては,住民の地域意識の昂揚や草の根民主主義を反映させる場として,パリッシュとは別形態の地域住民組織を結成することが模索されてきた.

1960年代から1970年代にかけての英国の都市部では,地域社会を人間性の回復や民主主義の学習の場とみなす思潮が支持を得た.そして,地域住民組織への参加はあくまでも各個人や各集団の任意であるとしながらも,地域意識の昂揚や地域のより広範な個人や集団を巻き込むことを重視した活動の活発化がみられた.そのようななか,組織目標の明確化や形態・機能の向上を目指す「コミュニティ協議会(Community Association)」の改革の動き,あるいは,「ネイバーフッド議会(Neighbourhood Council)」を創設する住民運動などがみられた.

前者は,コミュニティ・センター(community center)という建物を中心として,それを単なるレジャーの場や利用の場としてではなく,住民主体の運営を通して地元への関心や地域住民の相互理解を促進できるような場とするための組織づくりを理想とするものであった[7].また,後者は,過去の地方公共

団体の合併のなか,パリッシュの地位を継承あるいは獲得できなかった都市部の地域で,パリッシュ議会と同様な地位や権限をもちつつも,住民主体による柔軟度の高い地域密着型の住民組織を形成することを標榜したものであった[8].

圧力団体としての全国組織と強い結びつき

このような各地の動きを後押しする全国レベルの組織として,前者に関しては「全国コミュニティ協議会連盟(The National Federation of Community Associations, 1945年創設)」が存在していた.また,後者に関しては「全国ネイバーフッド議会協会(The Association for Neighbourhood Councils, 1970年創設)」が圧力団体として形成された.さらに,前者は,教育科学省や全国社会福祉協議会(現在は全国ボランティア組織協会)と強い結びつきがあり,後者は,環境省から財政面などの援助を得ていた.

コミュニティ協議会やネイバーフッド議会は,とくに,後者の場合には,そのままの名称や形態のままに存続していることはまれである.しかし,1960年代から1970年代にかけての大きなうねりのなかで生み出された地域住民組織をめぐる住民の主体性という理念は,それらの試行錯誤がおこなわれた地域においては,名称や形態は変わっても継承されている.21世紀の英国の都市における,行政との対等な立場での市民参加・住民参加の重視の動きには,このような過去の取り組みが反映されているものと考えられる.

2　長い歴史をもつテーマ型住民組織

地域密着型ボランティア組織とボランタリーサービス評議会

地方自治法に位置づけられているパリッシュ議会,都市部におけるコミュニティ協議会やネイバーフッド議会といった地縁型住民組織の活動目的は包括的であり,また,当該の地域住民組織が設置されている地域範囲で生活する個人,世帯,団体などのすべてを潜在的なメンバーとしている.一方,英国においては,包括的な目的遂行を掲げるのではなく,むしろ一定の目的遂行に関心のある人びとを中心としたボランタリー団体の存在を抜きに地域住民組織を語ることはできない.英国では,地域に根付いたボランティア組織の活動には長い歴史がある.

ボランタリーサービス評議会（Council for Voluntary Service, CVS）は，地域密着型のボランティア組織によって構成されている．ボランタリーサービス評議会は地区レベルとともに，市町村ディストリクトレベル，さらには都道府県カウンティレベルの組織もある．地域によってその歴史は異なり，前身は社会福祉協議会の場合もある．たとえば，ロンドン・ボランタリーサービス評議会（London Voluntary Service Council）は100年以上の歴史があるが，設立して数年足らずのところもある[9]．

1990年代にケア供給の担い手としての期待が増大

第3章でも述べたように，1980年代以降の英国では，社会福祉をはじめとした行政サービスの供給構造の変更がおこなわれてきた．すなわち，地方公共団体である都道府県カウンティや市町村ディストリクトの役割が，行政サービスの主たる供給者としての役割から，民間企業やボランタリー団体の活用を図りながら，サービスの基準の設定や内容の特定，実施の監視・評価など，円滑なサービス供給を保証する調整者（enabler）としての役割へと変化したことである．そのことが，ボランタリー団体やボランタリーサービス評議会の活動にも大きな影響をもたらしている．とくに，ボランタリー団体は，サービス供給の担い手として安定性や専門性を求められるようになった．

1986年に一層となった大ロンドン地域では，①ディストリクト，すなわち，ロンドン市と32の区がボランタリー団体などへの補助金交付の役割を担うようになったこと，②1992年地方自治法にもとづく地方公共団体の再編作業過程において，パリッシュ議会，コミュニティ協議会とともに，ボランタリーサービス評議会にも行政と協議する役割遂行を求められたこと，この2点の変更は，ボランタリーサービス評議会にとって新しい課題をもたらした．

したがって，ボランタリー団体のなかには，行政の委託先としてサービス供給機能の増強に努めるところも多くなった．また，ボランタリーサービス評議会は，地域のサービス供給構造について行政への政策提言を積極的におこなったり，地元の民間企業との連携を強めたり，地域住民に対してサービス供給の説明責任（accountability）を果たすことで地域代表性を確保する姿勢を示すなどの積極的な動きをみせるようになった．

第3節　地域住民組織と行政との協働

1　地縁型「地域労働」への支援

手を上げたパリッシュと連携

イングランド中西部の非大都市圏地域にあるノッティンガム県は，非大都市圏市町村ディストリクトでみると第3位の人口規模（約30万人）のノッティンガム市を含み，8つの市町村ディストリクトを基礎とする人口約100万人の都道府県カウンティであった．しかし，1992年地方自治法にもとづく再編の結果として，1998月3月にノッティンガム市がユニタリー，すなわち，一層制地方公共団体として独立した．ノッティンガム市以外の地域には二層制が残ったことから，ノッティンガム県は都道府県カウンティの地位は保持したものの，7つの市町村ディストリクトを基礎とする人口70万人弱の都道府県カウンティへと面積・人口ともに縮小した．また，中心部分の空いたドーナツ型の県域になった．

ノッティンガム県は1990年代の地方自治制度の再編プロセスにおいて，パリッシュ議会との関係の再構築を積極的に打ち出した事例といえる[10]．そこでは，都道府県カウンティという枠組みの存在意義をアピールするとともに，「地域意識」を反映するのは市町村ディストリクトより，むしろ，パリッシュ議会であるとの姿勢を打ち出した．

ノッティンガム県は，1990年代初頭に再編作業が始まるとともに，県内の約230のパリッシュ議会との対話，交流や関係改善のための努力をおこなった．その結果，役割強化が期待できるものもあれば，資源不足で現状以上のことを期待するのは無理なものもあるとの見解をもった．実際，大規模パリッシュの場合，事業を進めるための資金の取得と資源の活用ができれば役割を拡大することにも関心を示した．たとえば，イースト・マークハム・パリッシュ（East Markham Parish）は道路補修，小規模開発の決定，環境維持などを引き受けることを表明した．そして，そのようなパリッシュが，さまざまなサービス供給の担い手となる支援を実施した．

表4-1　サービス提供者としてのパリッシュの役割低下（ノッティンガム県の場合）

	1609年	1835年	1880年	1974年	1990年
警　察	教区	市町村	市町村	県	県
水　道	民間	民間	市町村	国	民間
ゴミ収集	民間	市町村	市町村	市町村	民間
教　育	民間	民間	市町村	県	県
ガ　ス	―	民間	市町村	国	民間
公共交通	―	―	市町村	民間／市町村	民間
医　療	民間／教区	民間／市町村	民間／市町村	民間／国	民間／国
道　路	教区	市町村	市町村	県	県
消　防	―	教区	市町村	県	県

注：教区＝パリッシュ．
出所：1996年末の調査訪問時に英国ノッティンガム城博物館のボードに掲載された図をもとに作成．

パリッシュが果たした役割の変遷を図式化

1990年代初に再編が開始されると，ノッティンガム県の子どもからお年寄りまでが訪れるノッティンガム城博物館には，表4-1に示した内容が掲載されたボードが設置された．

道路や水道などのインフラや医療サービスは時代によって供給の担い手が変容してきたこと，17-19世紀においてはパリッシュもいくつかのサービスを担っていたこと，しかし，それらのサービスの担い手はパリッシュから市町村ディストリクトへ，市町村ディストリクトから都道府県カウンティ，さらには，国や民間へと移行したことなど，ノッティンガム県とノッティンガム市の位置づけの再編や行政サービス供給の民営化への流れを啓発するねらいがみてとれた．

ノッティンガム県のサイトにはパリッシュ議会一覧を掲載

ノッティンガム県のパリッシュ数は，ノッティンガム市内のものが抜けたことから約200となっている．その内訳は，パリッシュ議会（Parish Councils）が151，タウン議会（Town Councils）が10，そして，パリッシュ総会（Parish Meetings）が38である．人口70万人のおよそ半数は，いずれかのパリッシュで暮らしているという．パリッシュの規模は最も小さいところは20人，最も大きいところは2万5000人程度となっている．また，11のパリッシュが，

優れたパリッシュを意味する「クオリティ・ステータス」を付与されている．

　2011年末現在，ノッティンガム県のサイトには，県内のパリッシュすべての情報が掲載されている．活発なパリッシュでは，ホームページで内外に向けての説明責任を果たしているうえ，さまざまな新規事業も開発している．優れたパリッシュのひとつとして認定されているクロップウェル・ビッショップ・パリッシュ（Cropwell Bishop Parish Council）の場合，古い校舎を買い取り，修繕して，そこで，映画会，土曜カフェ，赤ちゃんクラブ，音楽会やダンスを楽しむ会などを運営している．

　また，パリッシュには，通常，職員（Clerk）が置かれているが，彼らと接触できる情報などもホームページに掲載されている．議員は無給であるが，職員は有給である．大きなパリッシュでは常勤職員もいるが，小さなパリッシュでは多くの場合が非常勤職員である．パリッシュ職員の仕事はパリッシュ議会の運営であり，議案，議事録の作成，議決事項の執行，会計，施設管理，議員への助言，住民や外部への情報提供など多岐にわたる．また，パリッシュの職員の長である事務局長は，パリッシュ議会により一般から公募され，パリッシュ議会が任命している．

2　市民型「地域労働」の活性化
地域開発ワーカーによる地域フォーラム結成支援

　行政の協議対象になりうるような地域住民組織は，それぞれの地域の自発性に任せているだけでは創設されない場合もある．そのような地域では，行政が先導して地域住民組織の協議機能向上をめざすシステムづくりに踏み出す場合もある．ノッティンガム県では，公務員である地域開発ワーカー（community development worker）が地域フォーラム（local area forum）を結成する支援をおこなってきた．

　地域フォーラムは都市部を中心に，パリッシュ議会を設置することを希望しない地域，あるいは，パリッシュ地域と非パリッシュ地域が混在しているところで，多様化した地域住民の意見や利益を代表させるために創設されている．地域フォーラムは，パリッシュ議会のような地方自治法上の根拠は有していない．しかし，コミュニティ協議会，当事者団体やボランタリー団体などその地

域で活動する多様な形態の住民組織を包括することで，行政と協議する地域代表性が認められている場合が多い．住民組織がお互いに出会い，行政機関から選出された委員と地域代表として協議する場を提供しているからである．行政にとっては，ボランタリー団体が地域フォーラムへ積極的に参画することを通して，少数民族，女性，障害者のニーズや意見を把握することができる．また，コミュニティ協議会や地域密着のボランティア組織による企画や経験を地域行政の運営に活かすことができる．

　地域フォーラムには，以下のような役割や権限が与えられている．

　第1は，ノッティンガム県の政策決定委員会の作業との協働である．地域フォーラムは政策決定委員会に対して，地元意見に接することができる機会を提供することができる．この役割の遂行において，地域フォーラムには多様な地域住民組織が含まれていることが有効である．

　第2は，それぞれの地域での，ノッティンガム県による行政サービス供給のあり方を監査する役割である．地域フォーラムは地域マネジャー（local manager）から，その地域に対するサービス供給の現況について定期的に報告を受け，行政サービスの説明責任を高め，行政サービスが地域住民の期待と一致しているかどうかを監査する重要な役割を担うことができる．

　第3は，地元事項について決定する役割である．

　第4に，地域フォーラムは地元の地域開発のために若干の予算を運用することができる．地域環境の改善，町村民ホールやコミュニティセンターの運営，地元密着型の住民組織や地域住民への相談・情報提供などを含んでいる．

　地域フォーラムは地域開発ワーカー（community development worker）などの専門スタッフが存在するとともに，地域サービスマネジャー（local service manager）の定期訪問によって支援されることが望まれている．

地域住民とボランタリー団体との直接協議も重視する地域支援チーム

　ノッティンガム県の社会サービス部は，ノッティンガム市内に地域支援チームを設立した．それは，ノッティンガム市が地方公共団体の第二層として，ノッティンガム県に含まれていた1984年7月に創設された．

　地域開発ワーカーは定期的会合をもち，情報交換や同僚の支援をおこなう．

また，担当主幹による直接的な指導を受ける．ノッティンガム市の地域住民，とくに，失業，犯罪や住環境の悪化などの問題を抱える地域の住民は，直面している問題を自らの手で解決しようとした場合，支援してくれる行政担当が必要であると痛感していた．そのような地域住民の必要性に対応して，創設されたものである．その背景には，地域支援チームの活動が，地域環境の改善やサービス供給の担い手となりうる地域住民組織の育成や機能強化に結びつけば，これまで社会サービス部の個別クライエントとみなされてきた人びとの数を減らすことができるという行政のねらいもあった．

地域支援チームは，地域住民による当事者団体やボランタリー団体などの組織化を助けるとともに，それぞれの団体自体が自発的に目的や主導権を達成する方向で活動することを支援する．また，すでに地域社会のためのサービス供給に従事しているボランタリー団体についても支援をおこなう．さらに，さまざまなサービスを必要としたり利用したりしている地域住民と地域密着型のボランタリー団体とが直接協議する仕事にもかかわる．組織化を支援するねらいは，あくまでも当事者団体やボランタリー団体が自立することを支援することである．

したがって，その設立準備が整ったと判断した時点で，地域支援チームが支援をする期間について各団体との間で合意形成をおこなう．通常，それは半年か1年である．その主な合意内容は，仕事の目的，地域支援チームの役割，各団体に期待されていること，地域支援チームがそれぞれのボランタリー団体のために働く週あたりの時間数である．半年後に，この合意内容の評価を，各団体代表者，地域支援チームに所属する地域開発ワーカーとマネジャーの間でおこなう．合意は状況によって変更される場合もあれば，すべての目的が達成されて終了する場合もある．

地域支援チームの仕事の基礎にあるのは，人種，性別，障害，宗教，性的嗜好などによる差別や不平等に挑戦し，それらを解消することである．機会平等についての啓発と差別の撤廃に向けて，差別を受けている地域社会の代表者とともに働くことを重視する．また，権限や資源を保持している行政機関の差別的な政策や執行に反対する団体をエンパワーすること，すなわち，反対する団体が力をつけ，連帯して行動することによって自分たちの置かれた不利な状況

を変えていくようになることも，地域支援チームが担っている役割である．地域開発ワーカーは，住民運動団体が政策決定をおこなっている議員，行政幹部や各種委員などに接する場合の手続きの簡素化についても教えている．メディアの効果的利用も役立っている．

さらに，必要に応じて専門家に依頼するとともに，行政内部での連携はいうまでもなく，ノッティンガム大学やノッティンガム・ボランタリーサービス評議会と定期的な交流をおこなっている．地域支援チームは地域住民組織代表との合意が重要である．管理運営委員会の議長は社会サービス部の次長であるが，そこには行政機関の担当職員とともに，コミュニティ協議会のような地縁型の住民組織と任意団体型の住民組織であるボランタリー団体からそれぞれ2名ずつ出席するしくみとなっている[11]．

住民主体によるケア供給の担い手へと結びついた事例

地域支援チームの活動が住民組織の育成や機能強化をもたらし，住民主体による地域施設の運営や市民型「地域労働」として，サービス供給の担い手へと結びついた事例について述べたい．

ノッチンガム市の北西部ベルズレーン地域は2ヶ所の大規模な住宅地帯を含んでいる．ベルズレーン地域では1980年代に入って，公営住宅の老朽化とともに，隣接する炭坑の閉鎖にともなう失業増加がみられた．そのような背景のもと，地域支援チームの職員の先導によって1986年に，ベルズレーン地帯にある劣悪住宅を近代化するキャンペーンをおこなうためにベルズレーン・アスプレイ借家人協会が創設された．

ベルズレーン・アスプレイ借家人協会は以来，その視座や活動を拡大してきた．借家人協会の設立後，住宅近代化についての地域住民の意向を把握するため，会員が各戸あたり3回以上直接訪問することによって徹底的なアンケート調査を実施した．同じ地域に住む会員の重ねての訪問は，さまざまな理由をつけてアンケートの回答から逃げていた人びとの態度を変えさせるのに効果的であった．この調査結果により，この住宅地帯に暮らす住民のニーズを把握できた．住民の大多数がコミュニティセンターを要望していること，5歳児以下の子どもとその親への支援事業が必要とされていることなどが明らかとなった．

1988年,ベルズレーン・アスプレイ借家人協会はコミュニティセンター建設のためのキャンペーンを始めた.ノッティンガム県へのロビー活動の後,住宅委員会(Housing Committee)が公営住宅の一角を提供した.これにより借家人協会の活動は推進された.借家人協会とノッティンガム市との協議によって,コミュニティセンターの建物および運営について斬新的な企画がたてられた.入り口につづく喫茶室のある広いロビー,乳幼児がやけどをしない工夫など子どもが安全に使用できるスペース,空き缶やビンを分別収集するためのリサイクル箱などを備えたコミュニティセンターは1994年夏にオープンした.

コミュニティセンター入り口付近には,その管理運営のために創設された地域住民組織であるコミュニティ協議会の事務所が置かれている.地域住民がボランティアとして,部屋の貸し出し事務,センターの清掃や喫茶室の運営をおこなっている.また,センター内にはセンターの生みの親である借家人協会の事務所も置かれている.借家人協会は住宅近代化へのロビー活動はもちろんのこと,炭坑跡地の再開発,施設が貧弱な地元の学校を改善するキャンペーン,人権意識の啓発,地元警察との連携,反社会的行為に対抗するため行政機関や他地域の借家人協会との連携活動や事業にも取り組むようになった.

おわりに

本章は,英国の地域住民組織のあゆみや実態を概観するとともに,コミュニティケアの推進や地方自治制度の再編のなか,地域住民組織を強化するための政策がどのように展開されてきたか,1990年代に焦点をあてて分析したものである.

英国において,地域内分権を進め,地域コミュニティの結束力やソーシャル・キャピタルを強化する流れは21世紀に入ってさらに促進されている.2006年には,コミュニティ・地方自治省(Department for Communities and Local Government)が創設され,同年に,地方自治白書「コミュニティの強化と繁栄のために(Strong and Prosperous Communities)」が発表された.この白書を受け,2007年に,「地方自治,保健サービスへの住民関与法(Local Government and Public Involvement in Health Act)」が成立,翌年,新たな

地方自治白書「主導権握るコミュニティ――住民に真の権限を（Communities in control：Real people, real power）」が発表された．

そこでは，基本的な地方公共団体における市民と地域コミュニティの影響力を強化していくことを基本方針としている．また，「近隣地域活動資金（Working Neighbourhoods Fund）の設置」や「公共資産をコミュニティに譲渡するパイロット事業」など，地域コミュニティの財源面でのエンパワーメントに結びつく提案もおこなわれている．

英国の地域コミュニティを基盤としたケア供給の担い手については，日本での情報は，ボランタリーセクターに関するものにとどまりがちである．また，非大都市圏地域におけるパリッシュ議会の見直しの動きについては，住民自治の強化としての側面のみが伝えられているにとどまっている．しかし，両者の動きは，1980年代にケア労働の供給構造の変革へと舵を切ったサッチャー政権以降の政府セクターによる「地域労働」重視の姿勢が影響していると考えられる．つまり，その基盤づくりのために，専門職や行政が関与しながら，地域住民組織やボランタリー団体のケア供給力を向上させる動きとして分析してみる必要がある．

日本では，21世紀に入って，「新しい公共」という理念が台頭するとともに，それに沿った政策や実践が展開されるようになっている．そこでは，「地域労働」は，「地縁型」も「市民型」もともに，公共（パブリック）の一端を担うという位置づけを与えられた．そして，「地域労働」は，「公務労働」へのアドボカシー（権利擁護）や対抗といった従来の視点よりも，むしろ，「公務労働」と主体的に協働して公益を実現することが重視されつつある．このようななか，英国のサッチャー政権以降の地域コミュニティでの格闘からその光と影の両面を学ぶことの意味は少なくないと考えられる．

1) 1996年以降も，地方公共団体を二層制から一層制のユニタリーへ再編する作業は進められている．1996年までの再編で「34都道府県カウンティ・238市町村ディストリクト・47ユニタリー」となったが，その後も再編が続けられ，2011年時点では，図4-1に示されるように，「27都道府県カウンティ・201市町村ディストリクト・56ユニタリー」となっている．

2）ロンドンには広域行政を担当するグレーター・ロンドン・カウンシル（GLC）が 1961 年から 1986 年まで設置されていたが，サッチャー政権は行政サービスの効率化と説明責任の強化を目的に廃止した．GLA はその名称と機能を一部変更してブレア政権下で復活したものである．
3）1992 年地方自治法にもとづく再編作業のなかで地域意識が重視されたことは，地方公共団体委員会による検討経過に関する資料，たとえば，ノッティンガム県の場合，"Community Identity：A Consultation Paper on the Review of Local Government"（1994）といった資料をみれば明らかである．また，Ball and Stobart（1996）は，非大都市圏地域における再編作業が住民と地方公共団体の関係や双方の地域意識への関心を高めることに結びついた過程について分析している．
4）英国の代表的な世論調査会社である NOP は，2005 年にドイツ GfK の傘下に入ったため，現在の名称は，GfK・NOP となっている．MORI も同じ 2005 年，フランスの IPSOS に買収され，現在の名称は Ipsos MORI となっている．
5）イングランドのパリッシュの全国組織として，全国パリッシュ・タウンカウンシル協議会（National Association of Local Councils：NALC）という団体があり，会員に対する助言や支援，研修事業等をおこなっている．
6）自治体国際化協会ロンドン事務所による 2011 年 6 月のマンスリートピックによれば，ロンドン北西部クイーンズ・パーク地区（Queen's Park）の計画が最も進んでいるとのことである．すでにパリッシュ設置を求める地域住民からの請願をウェストミンスター区に提出済みとのことである．
7）当時の全国社会サービス協議会（National Council of Social Services：NCSS）は，全国コミュニティ協議会連盟のためにコミュニティ協議会の運営の手引き書（NCSS，1974）を作成した．
8）ネイバーフッド議会の代わりにコミュニティ議会という名称を用いる地域もあった．Talbot and Humble（1977）は環境省の助成による調査をおこなった結果から，当時のネイバーフッド議会の構造と機能について詳述している．
9）圧力団体として，「全国ボランタリーサービス評議会協会（National Association of Councils for Voluntary Service，NACVS）」があるが，2006 年 6 月からは，「全国ボランタリー・コミュニティ・アクション協会（National Association for Voluntary and Community Action，NAVCA）へ組織変更された．
10）ノッティンガムを事例としたのは，行政が地域住民組織との協議に積極的な姿勢を打ち出していたこと，また，以下の注 11）に記述するように，専門職によって構成される地域支援チームのシステムが英国内で高く評価されていたこと，また，パリッシュ地域と非パリッシュ地域を含んでいることで，地縁型住民組織とテーマ型住民組織の双方へのアプローチの違いなどが把握できると考えられたからである．それらに加え，筆者は 1991 年 4 月から半年間，ノ

ッティンガム市の居住者として，地域住民組織の参与観察をおこなった経験を
もっていることも背景にある．
11)　地域支援チームについては，1996 年時の訪問調査時の聞き取り調査結果に
ついて述べている．ノッティンガムの地域支援チームの創り出したこのシステ
ムは，当時，英国内の他の行政機関や地域開発ワーカーの関心を集めた．ノッ
ティンガム市は 1998 年 4 月より一層制の地方公共団体に移行後に地域区分の
編成替えはあったものの，2011 年末時点でも，9 つの地域チームが地域ニーズ
に対応して活動している．

第5章
日韓のケア労働の配分と協働
21世紀に入ってからの立場の逆転

はじめに

　第3章・第4章では，英国が，コミュニティケアという名のもとケア労働（生命再生産労働）の配分と協働を進めるなか，「家事労働」や「地域労働」の基盤づくりを意図した家族政策・地域政策を展開している実態について分析を加えた．この分析を通して，高齢者介護や育児などのケア労働の配分と協働にあたって，その枠組みのなかに「家事労働」や「地域労働」も組み込む場合には，家族・地域コミュニティの実態に対応した家族政策・地域政策が必要であることが明らかにされた．

　日本と韓国はともに，経済のグローバル化と人口構造の少子高齢化が進むなか，高齢者介護や育児といったケア労働の配分と協働の必要性が増大している．そして，日本でも韓国でも，「公務労働」の抑制と「企業労働」の拡大といった流れは勢いを増している．加えて，日本の場合は「特定非営利活動促進法（NPO法）」，そして，韓国の場合は「社会的企業育成法」の制定にみられるように，市民型「地域労働」の担い手の育成にもとりかかっている．

　一方，日本・韓国においては，ケア労働の配分と協働という視点から家族政策・地域政策を分析している先行研究が少ないこともあり，インフォーマルな担い手による「家事労働」や地縁型「地域労働」の基盤づくりを意図した家族政策・地域政策をめぐる課題などについてはほとんど把握されていない．したがって，本章は，ケア労働（生命再生産労働）の4つの下位概念のうち，「家事労働」と地縁型「地域労働」に焦点をあて，それらの動向に影響をもたらす可能性のある家族政策・地域政策を分析することをねらいとしている．

日本・韓国のいずれにおいても，家族・地域コミュニティは長い間，血縁あるいは地縁という紐帯によって個人と個人を結ぶ基礎的な社会集団として，また，近代国家の成立以降は国家と個人の間に位置する「中間集団」として存在してきた．それらの形態や機能は決して固定的なものではない．家族・地域コミュニティに関する先行研究によれば，日本・韓国の家族・地域コミュニティは，産業化や都市化，さらに，近年のグローバル化といった社会変動に影響されるなか，少なからぬ変容をみせてきたことがさまざまに分析されている（後藤・田渕，2002）．

しかし，同じ東アジア圏に属する国とはいえ，それぞれの国の政治構造や文化構造に根ざす歴史的な特質を帯びながら，異なった家族・地域コミュニティの変容側面が見いだされることも明らかとなっている（服部・金，2005：6-17；武川，2006a：190）．したがって，隣接する韓国と同一の側面に焦点をあてながら比べてみることで，ケア労働の供給をめぐる家族・地域コミュニティの実態の共通点と相違点，また，21世紀に入ってからの家族政策・地域政策における日本と韓国の立場の逆転状況などについて考察することは意味があると考えられる（後藤，2011b）．

第1節　日本における家族の変容と家族政策

1　バブル崩壊と家族形態の変容

1980年代半ば以降の変容

日本では1950年代後半以降，農村から都市への人口の社会的移動の増加がみられた結果，家族形態面で，都市部における「夫婦と未婚の子ども」による核家族化の進行と「夫は仕事・妻は家事」という性別役割分業の固定化，農村部における3世代家族の減少，世帯規模の縮小すなわち家族の小規模化といった変容が，韓国より10年ほど先行してみられた．

したがって，ウィリアム・グードが「産業社会では小規模家族の方が大規模家族に比べて有利である．そのため，合理的にみれば人びとは夫婦家族を選択する」．したがって「産業化は家族内の高齢者とは不適合になる可能性を秘めている」と指摘したメカニズムは，日本でも働いたものと見受けられる（Goode,

表 5-1 日本・韓国における超高速な高齢化率の上昇

	7%→14% 高齢化社会から高齢社会へ	14%→20% 高齢社会から超高齢社会へ
日本	(1970 → 1994) 24 年	(1994 → 2006) 12 年
韓国	(2000 → 2018) 18 年*	(2018 → 2026) 8 年*
中国	(2001 → 2024) 23 年*	(2024 → 2033) 9 年*
米国	(1942 → 2014) 72 年*	(2014 → 2030) 16 年*
英国	(1928 → 1975) 47 年	(1975 → 2026) 51 年*

注：国連推計データをもとに作成．各セルの右端数値は移行にかかる年数を示しているが，＊は予測値．

1963)．

　上記のように高度経済成長を契機としてさまざまな変容をみせてきた日本の家族であるが，第 2 章でも記述したように，1980 年代半ば以降に進行した人口構造の少子高齢化は新たな変容側面を付け加えることになった．日本の高齢化率（65 歳以上人口比率）は，1994（平成 6）年に高齢社会のメルクマールといわれる 14％に突入して以降も上昇をつづけ，2006（平成 18）年には超高齢社会のメルクマールといわれる 20％を上回った．表 5-1 に示すように，この間の日本は，欧米諸国と比べて高齢化率の上昇スピードが超高速であることや 75 歳以上の後期高齢者人口の短期間での増加という状況を経験することになった．

　少子高齢化の状況を日本と韓国との比較でみると，合計特殊出生率の低下は韓国の方が短期間でより著しく，一方，これまでのところ，高齢化率の上昇は日本が大幅に上回り，世界最高を記録した日本の 2010 年の数値は 23.1％となり，韓国より 10 ポイントほど高い．

　この間の目立った家族の変容側面としては，後期高齢者の単独世帯・夫婦世帯が増加をみせたことがあげられる．このことは，家族における「老老介護」問題や子ども世代と同居するなかで提供されていた後期高齢者の生活保障や世話・介護に対して，社会が取って代わらざるをえない状況を浮かびあがらせた．

韓国に比べ緩やかな近年の家族変容速度

　「失われた 10 年」，つづいての 21 世紀初頭の数年間において，日本では離

婚・再婚・国際結婚などはどのような数値を示したのだろうか．

日本の離婚率（人口1000人対）は1990年代半ばまでは韓国の数値を上回る水準で推移していたが，1996年以降はそれを下回る水準で推移している．日本の数値は，1990（平成2）年1.28から2002（平成14）年の2.30へと韓国に比べると緩やかな上昇をみせた．その後は低下傾向に転じ，2006（平成18）年は2.04となった．婚姻数に占める再婚割合も韓国と同様に上昇傾向をみせているが，上昇割合は韓国よりやはり緩やかである．離婚・再婚をめぐる日本と韓国の数値を比較してみると，日本の20年間の変化を，韓国は10年間足らずで経験したことがみてとれる．

また，婚姻のグローバル化が進むことで，韓国の場合は21世紀初頭の5年間において国際結婚割合が著しく増加したのに比べ，この間の日本の増加はやはり緩やかである．婚姻に占める国際結婚割合は，韓国は2000年3.7％から2005年13.6％へと5年間で急増したのに対して，日本は2000年4.5％から2005年5.8％へと微増にとどまっている．しかし，韓国の場合，韓国男性＋外国女性の婚姻パターンが，韓国女性＋外国男性の婚姻パターンの3倍強であるのと同様，日本の場合も日本男性＋外国女性の婚姻パターンが，日本女性＋外国男性の婚姻パターンの4倍弱である．また，日本男性＋外国女性の婚姻パターンには韓国で指摘されているような農村の嫁不足，すなわち，高齢者介護と育児の「家事労働」の担い手不足といった問題を解決するための目的も見いだされる．この点は，ケア労働の配分と協働をめぐって生じている共通した現象である．

2　日本の家族法の利点と矛盾点
家制度の廃止をめぐる論争

日本の戦後改革は，その一環として家族制度の改革も要求した．家制度の廃止をめぐっては，当時，激しい論争がなされたことがさまざまな資料によって伝えられているが，1947（昭和22）年制定の日本の家族法（新民法）は戦前の家制度をほぼ廃止した[1]．

1957年制定の韓国家族法は家制度を維持したために，次節で述べるように，変容する家族形態や意識の実態と家族法との乖離に直面するなかで，数次に及

ぶ改正をおこなってきた．一方，日本の場合は，当時の家族の生活基盤や家族観の変容を先回りする形で，1947年家族法での家制度の廃止がおこなわれた（中川，2003）．しかし，それまでの家族観に肯定的な人びと，長男家族との同居を志向する家族内の高齢者，家制度を生活・生産の基盤としていた農家や都市自営業層などの人びとのあいだでは，その日常生活で家制度的な要素は維持されることになった．したがって，この時期なお広範に存在した3世代家族の場合には，家族内の異なる世代間の家族観の差異を生じることにもなった．そして，高齢者世代と子ども世代，とくに同居している親と長男夫婦のあいだに情緒的な葛藤が生じる可能性も高めることになった（後藤，1997：24-25）．

家族法の利点と矛盾点

日本の家族法の利点と矛盾点を，利谷信義は以下のように指摘している（利谷，2005：6-7）．

第1の指摘は，先取り性である．個人の尊厳と男女平等の原則は，日本の当時の家族状況をはるかに超えるものであった．家族法はこれらを基本原則としたことで，諸規定がそれらの原則に抵触しないように早期に整備された．一方，このことは，それらの原則が形式上整備されたにすぎず，それらの原則が実質化するうえでのさまざまな問題が表面化することを妨げ，むしろ，着実に実現する手段の形成を抑制したという．日本と韓国が大きく異なる点である．

第2の指摘は，柔軟性である．婚姻時の夫婦による氏の決定，離婚時の親権者・監護者等についての必要事項，財産分与の決定，扶養の順位・方法・程度の決定等について，当事者の決定に多くをゆだねるとした点である．そして，これらの決定をバックアップするために家庭裁判所が設置され，その周辺には児童相談所や福祉事務所が位置した．このように法的な決定を当事者に委ねることは，複雑な事情に適した柔軟な解決に結びつくという利点も発揮してきた．一方，当事者に委ねることは，当事者間の力関係に差がある場合，とくに，離婚や扶養における協議の場合，弱者の犠牲を生じやすいという欠点もみられてきたという．

第3の指摘は，家族像において核家族を前提としつつ核家族に徹することができなかったことである．すなわち，民法730条「直系血族・同居の親族の扶

けあい」の規定は社会保障制度との関連で，とくに，生活保護法における世帯単位の原則や扶養義務の強調に大きな役割を果たしてきたという．

3 家族像の押しつけへの懸念と家族政策の不在

1950年代における家族制度復活論争

日本では第2次世界大戦の終わりとともに，家制度は家族法でほぼ廃止されたものの，道徳上あるいは生活基盤として，少なからず維持されることになった．しかし，都市化・産業化が進むなか，小規模化した家族の生活基盤の弱体化と家族問題の深刻化が進行した．このような状況を背景として，法的・政策的に家族をどのように位置づけるかをめぐっての論争がしばしばみられてきた．

まず，1947年家族法が制定されてから10年足らずの1950年代半ばにおける，家族制度復活論争があげられる．それは，高齢者扶養や子どもの保護の問題が生じるなか，権威的家族関係の復活・強化によって乗り切ろうとする動きに対して，これを家族制度復活ととらえて法律家団体に加えて女性団体が強く反対して展開された論争である（利谷，2005：8）．しかし，まもなく高度経済成長が進行するなか，権威的家族の秩序基盤であった農業・自営業が減少し，核家族を基盤とするサラリーマン家族の増加によって復活論争には終止符が打たれた．

1970年代末から1980年代にかけての家庭基盤充実構想

つぎに，1970年代末から1980年代にかけての家庭基盤充実構想があげられる．家庭基盤充実構想は，人間生活の基本単位である家庭の充実が政治の重要な目的でなければならないとする当時の大平正芳総理のもとで打ち出されたものである．「大平総理の政策研究会」による報告書には，「政治が家庭に介入するようなことはなすべきことではないし，政府が望ましい家庭像のあり方などを示すことは，適当なことではない．しかし，現にいろいろなところで問題に直面している家庭の基盤を充実したものとし，ゆとりと風格ある安定した家庭の実現を図っていくうえで，家庭自らの自助努力と相まって，政府が何かお手伝いをすることがあるのではないだろうか」との記述がある[2]．そこには，第2次世界大戦前の家族像の国家による強制的な押しつけへの懸念やアレルギー

が国民のなかに強く残っていること，また，そのことが家族政策の展開を難しくしているという認識が含まれている．

したがって，施策を進めるにあたっては，自立性強化，多様性尊重，地域特性尊重，助け合いと連帯および総合性の5つの基本原則を尊重する必要があることが打ち出された．また，21世紀に向けての総合的な家族政策の課題と方向性を述べた報告書は，家族政策の総合行政推進体制を確立する必要性の指摘をはじめ，四半世紀を経た今日でも通用する内容を含むものであった．

日本型福祉社会論をめぐる論争

家庭基盤充実構想のなかで論議を呼んだのは，高齢者扶養や子どもの保育・しつけについて，そこには，本書で対象としている高齢者介護と育児が含まれるが，それらを家庭の責務とする日本型福祉社会の考え方の部分であった[3]．この考え方は，高齢化率が上昇する一方，経済の低成長期を迎えるなか，高齢者福祉の財政削減のために打ち出されたものという受け止め方がなされた．提唱されるやいなや，「高齢者問題の解決を家族，とくに女性への負担強化によって解決しようとしている」，「実態として脆弱となっている家族への過度の負担はかえって家族関係の破綻につながりやすい」，「社会福祉の後退は高齢者の処遇低下に結びつく」といった声が高まり批判された．日本型福祉社会の考え方自体の是非については結論に至らなかったが，その後，家族形態と人びとの意識の変容が進行するなか，高齢者問題は家族による自助を強調するのみでは対処できず，「社会保険による支え合い」や「市場によるサービス供給」といった別の方途で，高齢者の社会保障・社会福祉の充実をおこなわざるをえないことが明らかとなった．

棚上げされたままの家族法改正

1990年代末からは，家族法改正が再び課題となった．1990年代においては，女性の人権への地球規模での関心の高まりにも後押しされて，男女共同参画社会づくりの施策が進展をみせ，家族法もジェンダー平等な視点から改正するべきとの論調が支持されるようになった．1996年の法制審議会では，婚姻年齢を男女とも18歳とすること，再婚禁止期間を100日とすること，選択的夫婦

別氏制の採用,非嫡出子の法定相続分を嫡出子のそれと同等にすることなどが,「民法の一部を改正する法律案要綱」として最終答申されていた（中川,2003）.

一方,そのような潮流に反して,少子化や深刻化する子どもをめぐる諸問題の解決のためには,父権の復活や産む性・育む性としての母性役割の強化こそが必要であるとみなす立場から,ジェンダー平等的な家族法改正に反対する論調も高まった.このようななか,前提とするべき家族像が定まらないまま,最終答申は棚上げされ,2012年初頭の現時点でもその改正は実現をみていない.

第2節　韓国における家族の変容と家族政策

1　1997年IMF経済危機と家族形態の変容

高度経済成長期に都市への人口移動

第2次世界大戦後の韓国において家族形態が大きく変容を遂げはじめたのは,漢江の奇跡と呼ばれる高度経済成長期以降である.日本より遅れること10年の時間差をおいて,1960年代後半以降,韓国では農村から都市へと人口の社会的移動の増加がみられた.産業化や都市化という社会変動による向都離村型の人口移動の結果,家族形態面で日本と同様に,農村部における3世代家族の減少,都市部における「夫婦と未婚の子ども」による核家族化の進行,農村部・都市部ともに世帯規模の縮小すなわち家族の小規模化がもたらされた.また,都市の核家族では,「夫は仕事・妻は家事」という性別分業の固定化も進んだ.

経済の高度成長を契機として数十年かけて様相を変えた韓国家族は,グローバル化の波に襲われて発生した1997年末のIMF経済危機以降,さらに急激な変容をみせている.そして,1990年代半ばからの10年間においては,韓国家族の形態変容は日本を上回る速度で進んだのである.

1997年IMF経済危機以降の急激な変化

2005年までの20年間の合計特殊出生率の推移をみると,一定の傾斜率をみせて低下を辿ってきた日本に対して,韓国の場合は1990年代末以降の短期間で急激な低下をみせたのである.2002年には1.17,2004年には1.16,さらに

2005年には1.08と世界最低水準を更新するまで落ち込み，日本（2005年：1.26）を下回る数値を示した[4)][5)]．このような急速な出生率低下は，婚姻率の低下や初婚年齢の上昇，一夫婦あたりの子ども数の減少がその背景にある．2006年の初婚年齢は，男性30.9歳，女性27.8歳と，男女とも10年間で2歳以上の上昇をみせた．

また，離婚・再婚についても，IMF経済危機以降に著しい変化がみられた．少し前まで，「韓国は離婚した女性に対する偏見が強く，女性が再婚しにくい社会である」といわれていた．離婚率（人口1000人対）は長い間1.0以下にとどまり，1990年代に入ってからも1.0を若干上回る水準で推移した．しかし，1997年に1.98と2.0近くになった後，2003年に一気に3.5まで跳ね上がった．ただし，離婚率は2004年以降低下をみせ，2006年は2.6にとどまった．一方，離婚件数の増加は再婚件数の増加へと結びついている．1990年代半ば以降，一貫して，初婚件数が減少するなかで再婚件数は増加をみせている．その結果，婚姻数に占める再婚の割合は1996年には1割程度であったが，2006年には2割近くとなっている．婚姻において「再チャレンジしにくい社会から再チャレンジしやすい社会」へと変容したことがみてとれる．

韓国統計庁が集計した『2006年婚姻統計』によって，IMF経済危機以降の婚姻データをさらに分析してみると，韓国人と外国人との婚姻数の増加といったことが読み取れる．外国人との結婚は1990年代末から急速に増加をみせ，2004年以降は毎年婚姻数の1割以上となっている．とくに，韓国男性と外国女性との国際結婚による婚姻数の増加が目立っている．農村の嫁不足すなわち「家事労働」の担い手不足への対応がこの数値を押し上げていると指摘されている．2006年に結婚した農業・漁業に従事する韓国男性の妻の4割は，結婚移民者と呼ばれている外国女性であり，その3分の2はベトナム女性が占めている．

以上のように，グローバル化とIMF経済危機にともなう社会変動は，韓国において，それまでの家族の小規模化や高齢夫婦世帯・単独世帯の増加といった変容に加えて，離婚・再婚の増加や国際結婚の増加といった変容をもたらし，その結果として，家族形態の多様化を一層進めることになった．

2　家族形態の多様化と 2005 年改正家族法

韓国における家族規範のゆらぎ

　近年の韓国では家族形態や家族関係が急速に変化するなか，家族法の大変革がおこなわれている．1957 年に成立，1960 年に施行した韓国の家族法は，伝統的家族観に立脚したものであったが，その後，数次にわたる改正と憲法裁判所の判決によってそれを払拭する道を辿ってきた．とくに，2005 年 3 月に公布された改正家族法は，韓国家族のあり方に少なからぬ影響を及ぼしてきた同姓同本婚姻禁止および戸主制度の全面的廃止といった内容を含むものである．

　さて，家族法改正のあゆみを振り返ることで，韓国における家族規範のゆらぎについてみておきたい．

　1947（昭和 22）年制定の日本の家族法（新民法）は戦前の家制度をほぼ廃止したのに対して，1957 年制定（1960 年施行）の韓国の家族法はそれ以前の家制度をほぼ維持した[6]．すなわち，韓国家族法では，男性優先の戸主制度の維持，同姓同本婚姻禁止制度，父系血統重視の養子制度など，伝統的な家族制度にもとづいた規定が設けられた．

　同姓同本婚姻禁止については，「同姓同本である血族の間では婚姻することができない．男系血族の配偶者，夫の血族およびその他八親等以内の姻戚である者，またはこのような姻戚であった者の間では婚姻をすることができない」と規定された（小林，2000：71）．すなわち，韓国の戸籍には「姓」と祖先の発祥地とされる地名にちなむ「本貫」が記載されてきたが，同姓同本婚姻禁止制度とは，戸籍上で姓も本貫も同じ男女は同一父系の血縁関係にある血族とみなして，そのような男女の結婚を禁止する制度である．同姓同本婚姻禁止制度は，韓国の父系単系原理や祖先との永続的なつながり意識の強さが絡まり合いながら存在してきたものと考えられている[7]．そして，このような親族の一体感を媒介してきたものとして「族譜」の存在が欠かせない．韓国の族譜とは父系を中心にして血縁関係を図表式に記した親族の歴史であり，人びとの社会的地位を示すひとつの根拠として重視されてきた．

　一方，前項で述べたような 1960 年代後半以降の家族形態の変容にともない，1957 年家族法が前提とする家族像は人びとの生活実態や家族観と次第に乖離をみせてきたのである．また，男女平等意識の進展によって男性優位の家族関

係への批判の声も高まった．したがって，1957年家族法は数次にわたって改正されてきたが，1962年，1977年の改正は小幅にとどまった．むしろ，この時期は，新たな族譜の編纂がおこなわれたり，壮大な祭祀が執りおこなわれたり，同族団体である宗親会を活発化するための取組みがおこなわれたり，農村部で崩れていく伝統家族および親族組織の都市部での復活という現象に垣間みられたりするように，伝統的家族観を維持しようとする動きが目立った（小林，2000：70）．

したがって，この時期は，家族形態の変容によって新たな家族観の誕生が促される方向への動きと，伝統的家族観が維持・強化される方向への動きとの間で，家族規範がゆれ動いた時期として位置づけられる（山中，2004）．

2005年改正家族法

1990年に施行された改正家族法では，戸主制度および同姓同本婚姻禁止制度を除いて，女性差別的規定は廃止されることとなった．また，戸主制度は残ったものの，戸主権の大幅縮小，強制的戸主相続から任意的戸主継承への制度転換，親族概念における父系血族主義から父母両系親族主義への転換，離婚配偶者の財産分割請求権の新設などがおこなわれた．1990年代になると，形骸化しつつも残された戸主制度および同姓同本婚姻禁止制度の廃止をめざして，女性団体を中心とした家族法改正運動の盛り上がりがみられた．そして，同姓同本婚姻禁止（民法第809条1項）の違憲審判請求を受けて，1997年には憲法裁判所が違憲判決をおこない，1999年には実質的に無効となった．

先に述べたように，2005年3月末に公布施行された改正家族法において，同姓同本婚姻禁止条項は廃止され，日本を含め他の国でもみられる近親婚禁止制度に変わった．加えて，女性に対する再婚禁止期間規定が削除された．日本と同様に子どもの父親は誰であるかを重視してきた韓国が，家族法ではそれをやめたことを意味する．また，2005年改正家族法に盛り込まれた戸主制度廃止が2008年初から実施されたことにともない，「本籍」概念に代わって「登録準拠地」概念が導入された．すなわち，個人ごとに付された「登録準拠地」にしたがい，個人別に「登録簿」を作成して記録することとなった[8]．

韓国は家族法という領域においては，伝統家族との決別をおこない，両性平

等の理念を重視，また，集団の維持よりも個人の多様な生き方を認める家族を実現する方向に向かいつつある（趙，2005：49-50）[9]．

3　健康家庭基本法による家族支援
家族の社会統合機能への期待

　韓国家族のあり方にかかわる法律としては家族法以外にもさまざまな法律がある．家族法以外の法律の動きにも目を向けてみると，韓国が伝統的な家族パラダイムから新しい家族パラダイムへと完全に移行したともいえない側面が浮上する．

　家族に関連する法律としては，生活保護法，児童福祉法，老人福祉法などの社会福祉関連法，また，国内外における女性の人権への関心の高まりのなかで制定された「女性発展基本法」や「家庭内暴力防止および被害者保護に関する法律」などがある（小林，2000：73）．それに加えて，2005年家族法改正と時を同じくして実施された，健康家庭基本法があげられる[10]．この法律は，IMF経済危機後の合計特殊出生率の低下，離婚の急増やDV・子ども虐待といった家庭内暴力の増加などという家族問題の顕在化を受け，家族の解体が加速化しているのではないかという危惧のなか，家庭および家族を保護・支援し，家族関係の維持をはかることを目的として2003年末に制定，2005年初頭から実施されたものである．

　同法第1条で「本法律は健康な家庭生活の営為と家族の維持・発展のための国民の権利・義務と国及び地方自治体等の責任を明確化して，家庭問題の適切な解決方法を求め，家族構成員の福祉増進に貢献できる支援政策を強化することによって，健康家庭の具現化に寄与することを目的とする」と述べている．さらに，第2条の基本理念をみると，「家庭は個人の基本的要求を充足させ，社会統合のため機能することができるよう維持・発展させなければならない」としている．その他の条項には，家族員には家事労働，扶養，子どもの教育などの役割があることも記されている．

　そこでは，家族・家庭は，個人の基本的要求を充足させる場であると同時に，家族内の役割を果たすことで個人を社会に統合させる機能，すなわち，社会統合機能を遂行するものとしても位置づけている．一方，同法は国民の家族・家

庭役割の強調にとどまらず，国および地方自治体が家族支援・子ども家庭福祉の増進のために制度的・財政的支援をおこなうべきことに言及する条項も多く含んでいる．たとえば，離婚の増加を受けて，第31条「離婚予防と離婚家庭支援」という条項もみられる．

健康家庭支援センターを設置・運営

　健康家庭基本法は，先に指摘したように，国および地方自治体が家族支援・子ども家庭福祉の増進のために制度的・財政的支援をおこなうべきことに言及する条項も多く含んでいる．したがって，「家族問題の多様化に対応し，結婚や家庭，家族，育児，夫婦の問題を個人レベルでの解決から，国の福祉レベルでの解決に引き上げることを目的とした法律である．同法はまた，家庭中心の総合的サービスシステムの制度的根拠になるものである」（白井，2005：119）といった指摘もみられる．同法を根拠として，家族の解体を防ぐために国が制度的・財政的支援をおこなうという方向性については，両性平等を掲げて戸主制度廃止の運動を展開した韓国女性団体連合（Korea Women's Associations United）なども支持したのである[11]．

　一方，健康家庭基本法が想定している家族概念の範囲が結婚・血縁・養子縁組に限定されている点については，多様化する家族の実態を反映していないとして批判も根強い．結婚・血縁・養子縁組などで構成される家族以外に，未婚の父母と子どもからなる共同体や事実婚にもとづいた共同体，委託を受け子どもを育児する共同体なども家族として認め，これらの家族の解体を防ぐためのさまざまな支援もおこなうべきであるという主張である．2006年に，国家人権委員会は「同棲・同居などの事実婚も家族に認めるべき」という勧告をおこなった[12]．

　健康家庭基本法の実施以降，韓国においては，家族・家庭支援のための家族政策が強化されている．健康な家庭生活を支援する実践機関として，韓国各地に健康家庭支援センターが設置・運営されるようになっている．健康家庭支援センターにおいては，とくに，国際結婚家庭および低所得家庭を対象としたプログラムが増加をみせている．また，2008年に制定された多文化家族支援法のもと，韓国国民と結婚移民者とで構成される多文化家族の安定生活と生活の

質の向上をねらいとして，多文化家族支援センターを設置して，国や地方自治体が支援をおこなっている[13]．

第3節　日本における地方自治制度の再編と地域住民組織

1　伝統的地域住民組織としての町内会

二面性を抱えながら存続している町内会

　地域住民組織とは，一定の地域を範囲として，その地域で生じる課題を扱う住民組織を意味する．また，地域住民組織は，地域の包括的課題を扱う「コミュニティ」としての性格をもつ基礎組織すなわち地縁型住民組織と，地域の個別的課題を扱う「アソシエーション」としての性格をもつ機能組織すなわちテーマ型住民組織とに大別することができる．日本において，基礎組織もしくは地縁型住民組織としての性格をもつ伝統的な地域住民組織としてあげられるのは，町内会（自治会・部落会・区会なども含む）である．また，町内会の下部組織として「組」や「班」があるが，それらの単位は町内会費の徴収，資料の配布・回覧や役員選出の地域単位にすぎないため，ひとつの地域住民組織としてはみなしがたい．

　町内会が法的に位置づけられたのは，1943（昭和18）-1947（昭和22）年のわずか数年間である[14]．草の根の地域住民組織として長く存在してきたものが，第2次世界大戦中に一時期制度化されたにすぎないという点で，次節で取り上げる韓国の班常会が行政主導で定着，その後も法的根拠にもとづいた組織であるのと異なっている．

　町内会の起源をどこに求めるかについては議論が分かれるところである．江戸幕府が全国的な統治のために制度化した五人組に根拠を求めるものと，地域での住民の共同生活のための自生的組織である明治時代以前の「自然村」に起源を求めるものがある[15]．このように見方が分かれるのは，法的根拠をもたない時期においても，町内会が行政末端的側面と地域自治的側面の二面性を抱えながら存在してきたことの反映である．

町内会をめぐる評価は多様

町内会については過小評価と過大評価の間でゆれがちであり，その評価が一定していない．研究上では，町内会をとらえる枠組みとして，町内会を前近代的産物として否定する前近代的集団論，逆に，町内会を日本人の集団特性を象徴するものとして評価する特殊日本集団論，町内会の是非については中立，むしろそれが担っている現実の機能に着目するべきという生活機能集団論や地域主体の共同管理の可能性を展望する地域共同管理論などをあげることができる（牧田，2002）．そして，これら研究上の枠組みが複数に存在していることは，人びとの町内会への多様な評価・思いとも連動している．

町内会については多様な評価があり，実態をみても時代・地域によって千差万別であるが，以下のような点は歴史貫通的にみられてきた特徴である（中田，2007）．

①一定の地域区画をもち，その区画が相互に重なり合わない
②世帯を単位として構成される
③原則として全世帯（戸）加入の考え方に立つ
④地域の諸課題に包括的に関与する（公共私の全体にわたる事業を担当）
⑤行政や外部の第三者に対して地域を代表する組織である

ただし，③の原則については，近年は例外が増えつつある．単身世帯や共働き世帯の割合が多い地域では，一般的に加入率の低下に歯止めがかけられず，任意加入制に切り替えざるをえない町内会もみられる．

地域コミュニティを基盤として防災や防犯へ取組むことの必要性が高まるなか，小学校区よりも小さい範域の組織であることの町内会の強みが再び評価されるようになっている．たとえば，1995（平成7）年1月に発生した阪神・淡路大震災時に最も機能したのは町内会などの地域住民組織であった．とくに高齢者や障害者などの災害弱者の危機にいち早く気づき救出するうえで，大きな役割を果たした．その結果，防災行政の重要項目として，地域住民による自主防災組織の結成・育成が掲げられるようになった[16]．この自主防災組織は町内会を単位にして結成されている事例が多い．

2　1970年代初頭から展開されたコミュニティ政策

小学校区を地域範囲とした地域住民組織

　1970年代初頭から展開されたコミュニティ政策は，町内会は消滅しつつあるという認識のもと，当時の自治省（現総務省）の主導のもと，町内会を代替する新たな地域住民組織を育成するために構想されたものであった．

　地域区画の設定は自治的に決定するものとされたが，多くは『コミュニティに関する対策要綱』（1970）に例示された「おおむね小学校の通学区域程度」を「コミュニティ地区」として設定された．また，コミュニティ地区ごとに「コミュニティ・センター」設置をはじめとした生活環境整備をめざすとともに，コミュニティ組織づくりと地域課題解決のためのコミュニティ活動を活性化させることが期待された（後藤，2011b：30）．

　コミュニティ組織については，開放的で民主的な組織というイメージは示されたものの，町内会との関係をはじめ既存の地域住民組織との関係が曖昧にされるなど，具体的にどのように組織化するかは明らかにされないままであった．したがって，町内会との関係でいえば，それと競合するか，あるいは，それに吸収されるかという，いずれかの結果に陥りがちであった．また，コミュニティ活動は高齢者介護や育児といったケア労働をめぐる地域課題の取組みへと進展する事例は少なく，従来の地域活動の延長上からなかなか脱することはできなかった．したがって，コミュニティ政策への当初の意気込みや期待は次第に低迷をみせた．

「アソシエーション」としてのNPOの台頭

　近年，再び，基礎組織としての性格をもつ地域住民組織の再構築が模索されている．そこには，さまざまな背景が指摘できる．

　「アソシエーション」としてのNPOの台頭によって，かえって，「コミュニティ」の必要性が求められるようになったことがある．1998（平成10）年末にNPO法（特定非営利活動促進法）が施行されて以降，NPOの認証団体は急増をみせている．2011（平成23）年12月末のデータによれば，4万5000強の団体が認証を受け，それらのNPO法人の5割以上が「保健・医療・福祉の増進を図る活動」分野で活動をおこなっている．社会教育，まちづくりや子ど

もの健全育成の分野にもそれぞれ4割前後のNPO法人がかかわっている[17]．それ以外に，NPO法人格を取得していないが，福祉や子どもの健全育成に取組むボランティアの人びとや当事者による団体・組織の存在もある．

したがって，都市部を中心として，一定の地域区画内に特定の地域課題解決を果たすためのNPO法人・団体・組織が林立する地域では，それらの間の調整をおこなう組織が必要となったり，また，包括的課題を扱うには「地域代表性」や「地域共同管理」といった性格をもつ組織の必要性が明らかになったりしている．この点は，基礎組織としての性格をもつ地縁型住民組織の設置が模索されている背景のひとつである．

それ以外にも，社会福祉分野における「地域福祉の主流化」（武川，2006b）が進みつつあり，地域福祉の小地域とそこを基盤として活動する地域住民組織との関係を整理していく課題も浮上している．

3　地方自治制度の再編と地域自治区
第27次地方制度調査会による地域自治区の構想

2004（平成16）年改正自治法に盛り込まれた地域自治区は，町内会よりも広い範域を対象として，基礎組織としての性格をもつ地域住民組織を育成するために実施された地域政策として位置づけることができる．ただし，地域自治区という構想には，地域住民組織の育成と同時に，行財政改革によって基礎自治体が広域化せざるをえない中での狭域課題の受皿づくりというねらいが潜んでいることも付言しておく必要がある．

第4章で扱った英国をはじめ他の国々と同様，日本でも合併を繰り返すことで基本的な地方自治体（地方公共団体）を広域化させてきた．過去の明治の大合併と昭和の大合併は，小規模の市町村を組み込むという集権化の施策であっただけに，平成の大合併の開始にあたって，住民生活に直結する行政サービスの低下と住民自治の空洞化が指摘された．

したがって，平成の大合併の検討をおこなった第27次地方制度調査会は，「住民自治充実や行政と住民との協働推進のための新しい仕組み」として，「（合併の有無にかかわらず）基礎自治体内の一定の区域を単位とし，住民自治の強化や行政と住民との協働の推進などを目的とする組織」を市町村の判断に

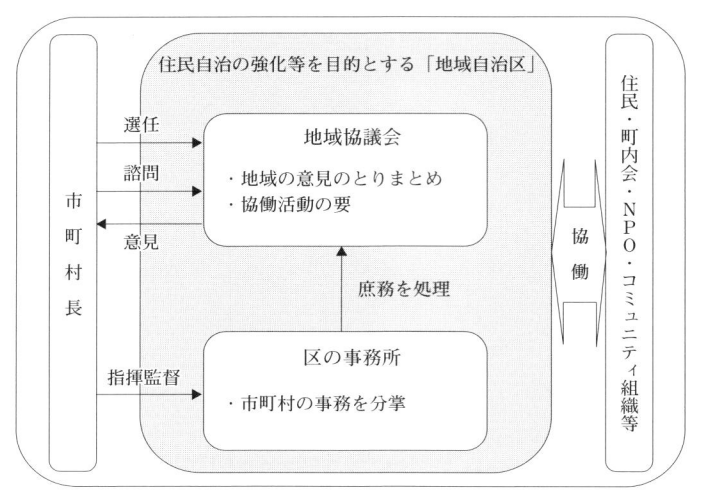

図 5-1 「地域自治区」のイメージ図
出所：総務省ホームページ．

よって設置できることを提案した．

地域自治区そして地域協議会

地域自治区には，組織の長，区の事務所の設置とともに，「市町村長その他の市町村の機関により諮問されたもの又は必要と認めるものについて，審議し，市町村長その他の市町村の機関に意見を述べることができる」とする地域協議会を設置することとなっている．

図5-1は地域自治区における地域協議会の位置づけを示している[18]．地域協議会は住民に基礎を置く機関であり，住民の参加，意見の調整，協働の活動の要である（中田，2007）．また，地域自治区は区域内の住民・町内会・NPO・コミュニティ組織などとの協働を進める役割も期待されている．改正地方自治法が成立して以降，地域自治区を条例化する市町村は少しずつではあるが，増加をみせている．

ただし，地方自治法上の地域自治区そして地域協議会は，自治体の内部組織である点や構成員の専任を市町村長がおこなうとしている点において，町内会

のような住民の自治組織とは性格が異なっている．狭域行政の仕組みが制度化され，それをどのように実質化させていくかが大きな課題である点で，第4節で述べる，韓国の「住民自治センター」「住民自治委員会」と共通する問題を抱えている．

第4節　韓国における地方自治制度の再編と地域住民組織

1　伝統的地域住民組織としての班常会

1970年代半ばに制度化された班常会

韓国で地域の基礎組織すなわち地縁型住民組織に相当するものとして，班常会（バンサンフェ）といわれる組織が見いだせる．

さて，両班（ヤンバン）と常民（サンミン）の両方の集いという意味をもつ班常会は高麗時代の五保制度や朝鮮時代の五家作統制にその起源をもち，また，近隣住民で組織する班を単位として日本の統治下で組織された愛国班がその直接の前身であるとされている（鳥越，1994）．

その班常会が韓国政府のもとで制度化されたのは1970年代半ばである．内務部（現在の行政自治部）は地方自治が停止中（1961-1988年）であった1975年，都市部の下部行政単位であった行政洞の下位に統・班を，また，農村部の下部行政単位である里の下位に班を設置した．それを背景として，翌年，内務部は「班常会運営指針」を策定して，班を単位とした住民で組織する班常会の全国網羅的な定着・実施をめざした．

班常会の班の規模は20-40世帯（家口）であり，統は6-8程度の班によって組織された．また，統には統長が，班には班長が置かれ，マスコミは毎月の班常会の日には模範的な班常会を紹介した（魯，1998：55）．そして，班常会の主要機能として期待されたのは，①隣保協同と住民が共通に関心をもつ事柄の解決，②住民意見の集約と行政への反映，③その他政府の主要政策の広報機能，という3点であったが，「セマウル運動」を通じて近代化をめざしていた当時の政府は③の機能を最も期待した（魯，2000：62）．

一方，韓国では，キリスト教を中心とした宗教集団・慈善団体，あるいはネットワーク的な民間非営利組織が，都市化・産業化とともに生じた地域の生

活・福祉問題などの解決に大きな役割を果たしてきた側面が強い．とくに急速に都市化した地域においては，各種の機能集団，任意組織の活躍がみられてきた．そのようななか，班常会という行政主導型の地域住民組織は地域の包括的課題を扱うというより，むしろ家庭を守る女性たちの親睦会という機能に特化する傾向がみられたと指摘されている．

班常会はそれぞれの地方自治体の条例にもとづいて運営

1987年の民主化宣言を契機として地方自治が復活に向かうなか，全文改正された1988年地方自治法において，班常会は，行政洞と里の下部組織として，改めてその法的根拠が示された．そして，1991年改正地方自治法において，「行政洞・里に当該地方自治団体の条例の定めるところにより下部組織を設置できる」（第4条6項）とされた．それ以来，班常会はそれぞれの地方自治体の条例にもとづいて運営されることとなった．一方，班常会はそのあり方の見直しが求められるようになった．それは，地方自治の施行にともなって地域住民組織の重要性が認識されるようになったことで，上からの組織という班常会への否定的イメージを抱える住民層の間で，その運営方式への批判が高まったからである．地方自治体によっては班常会の廃止論が出ているところもあれば，既存の班常会を自主性・自律性の高い住民主体の組織に転換させることで維持・発展をはかろうとしているところもみられてきた（魯，2000：66）．

以上のように，班常会は行政主導によって組織化され，その機能も国によって規定されて発進したものであった．また，班常会への中間階層の参加度は極めて低く，関与する住民のほとんどは自営業層や主婦層というような参加度における住民属性の偏りがあったと指摘されている．とはいえ，地方自治の停止によって行政への住民参加が限定されている時代状況のなか，班常会は地域住民組織としての条件である地域区画性，地域共同管理性や地域代表性（中田，2000：18-19）をあわせもつ組織として，また，地域の審議・執行機能を果たす組織として存在したことの意義は否定できない．

いまでは班常会は，住民が継続的にかかわることで主体性を担保している地域もあれば，住民の意見集約やゴミ処理などの地域課題の解決に少なからぬ役割を果たしている地域もある．また，伝統的あるいは行政主導型ということで

見捨てられている地域もある．一方，次項でも述べるように，人びとの日常生活圏が拡大するなか，韓国では，班常会よりも広い地域区画を単位とする行政主導型の新たな地域住民組織が模索されている．狭い地域区画を単位として維持されてきた班常会は，伝統的な地域住民組織ということで衰退の方向をさらに進めるのか，それとも狭い地域区画を単位としているゆえに新たな意義を付与されるのか．いずれの方向を辿るかはいまだ不透明である．

2　地方自治制度の変革と地域住民組織の再構築

住民自治委員会を育成する試みの背景

金大中政府，つづく盧武鉉政府において，役割が縮小した下部行政単位である邑・面・洞事務所に住民自治センターを設置するとともに，そのセンターを運営する住民自治委員会を育成しようという試みが見られた．その背景には，地方行政制度改革の中で役割が縮小した邑・面・洞事務所と公務員の活用方策という側面と，金大中政府の「生産的福祉」，つづく盧武鉉政府の「参与福祉」の展開（野口，2006：43-46）のなか，家族政策とともに地域政策の展開が不可欠とされたという側面が指摘できる．この地域政策を打ち出す際には，米国・英国・フランスとは異なって行政主導の色合いが強い日本やドイツの地域住民組織が参考にされたといわれている．

日本からは，「行政が地域住民の組織を誕生させる→時間がたつにつれて地域住民の自治組織としての面が加わる→環境整備，防犯，福祉などの包括機能を担う地域住民組織として育つ」という点を学び，加えて，ドイツからは，韓国の邑・面・洞に該当する下部行政単位がその法的地位を失った後，その地域区画を住民の自治組織が率いている点を学んだと指摘されている[19]．

韓国の地方自治制度は変容型

韓国の地方自治制度は変容型であり，都市化の程度によって地方自治体の地位と権限が異なり，地方行政の特殊性と多様性を認めている．そこでは，広域自治体（特別市・広域市・道）と基礎自治体（自治区・市・郡）の二層構造であるが，地方自治組織としてみると，下部行政単位として邑・面・洞が加わることから，三層構造をなしている（小原・趙，2005）．

邑と面は地域の規模・形態からいえば、それぞれ日本の町と村に相当し、1949年に韓国で初めて制定された地方自治法においては基礎自治体であったが、その後、基礎自治体の地位を失って郡の下部行政単位となった。なお、洞はもともと市の下部行政単位として位置づけられてきた。邑・面の下には里が置かれ、前項で述べたように条例によって、里あるいは洞の下部組織として班常会を置くことができることとなっている。

下部行政単位である邑・面・洞は地方行政の第一線機関として活躍してきたが、交通通信網の発達でその単位での行政機能が限界を露呈する一方、住民の権利意識や生活水準の向上によって、「民願」（住民が行政機関に対しておこなう申請・苦情・その他行政機関に特定の行為を要求すること）や社会福祉・文化などのサービス需要が増大した。

したがって、1998年以降、邑・面・洞の機能転換が進められてきた。それは、第1に、邑・面・洞の事務を民願および社会福祉業務中心に調整して、その他の機能は市・郡に移管して人員を削減すること、第2に、余裕ができた事務所施設に住民のための文化・社会福祉などのサービスを提供する住民自治センターを設置すること、第3に、この住民自治センターの運営にあたっての住民参加の活性化、住民意見の取りまとめ、諮問の役割等を果たす住民自治委員会を一種の住民自治組織として設置すること、などである。

3　住民自治センターの設置や住民自治委員会の組織化状況
洞・邑・面に住民自治センターを設置

住民自治センターの設置や住民自治委員会の組織化状況は2003年実施の調査データによれば以下の通りである（自治体国際化協会、2003a：22-23）。

機能転換の第1段階として、1999年に市区を対象として開始された。94市区の都市地域にある1654ヶ所の洞の中から278ヶ所の洞がモデルとして選定され、転換が試みられた。その後、モデル事業の推進過程から生じた問題点を補完しながら、2001年にはすべての洞を対象として拡大して実施された。2002年末にはすべての市区で条例整備がおこなわれ、住民自治センターは1621洞（98％）で設置、住民自治委員会は1604洞（97％）で設置された。

機能転換の第2段階は、邑・面（農村地域の洞を含む）で実施された。2001

年に 31 ヶ所の邑・面がモデルとして選定され，転換が試みられた．邑・面についても，モデル実施過程から生じた問題点を補完しながら，138 市郡 1861 ヶ所の邑・面に対象が拡大された．2002 年末時点で，138 市郡中 116 市郡（84％）で条例整備がおこなわれ，101 市郡で事務・人材調整のための規程が整備された．農村部の特殊事情もあり，住民自治センターは，当面，市郡で 1-2 ヶ所をまず設置することとされ，725 邑面洞が対象となり，すべての邑・面には及んでない．2002 年末までに，725 邑面洞中，住民自治委員会は 407 邑・面・洞（56％）で設置，住民自治センターは 213 邑・面・洞で設置された．

国主導による超高速での組織化

住民自治センターという空間の設置と住民自治委員会の組織化は国主導によって形式的には急激に達成された．日本の地域政策の施行においては，1970 年代のコミュニティ・センターの設置でも，近年の地域自治区の設置でも，国主導であっても，普及するのに時間を要するうえに設置率も低いことと大きく異なっている．しかし，韓国の住民自治委員会は形式的には組織化されたが，実質的にも機能する組織として根付くかどうかは見定めがたい．地域住民組織という視点からみると，住民自治委員会はつぎのような特徴がみられる．

① 「地域区画性」という点では班常会と比べて，かなり広域となっている．班常会は 20-40 世帯で構成されていたのに対し，住民自治委員会の単位となる邑・面・洞の住民はそれぞれ平均で邑：1 万 9000 人，面：5000 人，洞：1 万 5000 人である．
② 「地域共同管理性」という点では住民自治センターの運営に限定されている．包括的課題を担う基礎組織というよりも，個別的課題を担う機能組織にとどまっている．
③ 「地域代表性」という点では法的根拠をもつものの，全世帯加入原則から構成される班常会と比べると，メンバーの代表性が適切であるかどうかの正当性について地域住民の承認が得られにくい懸念がある．現状では，地域住民に直接関係のないメンバーが多数を占めている．

また，住民自治センター自体も多くの課題を抱えていると指摘されている．『住民自治センター設置および運営条例準則』（2000 年制定，2002 年・2005 年一部改正）によれば，住民自治センターの設置目的として意図されたものは，文化・福祉・便益機能の遂行とともに，「地域住民の参加を通じて，住民自治意識と共同体意識を向上させる求心体としての役割を遂行する場」や「地域共同体の形成を通じて住民自らがまちづくりをおこなう場」であった．しかし，現状では，主な活動が高齢者や児童を対象としたコンピュータ教室，主婦向けの料理教室やダンス教室等の文化プログラム活動の実施に偏っている住民自治センターも見られる．

いずれにしても，いまの韓国は地域住民組織の再構築がおこなわれている途上である．新たな地域住民組織がどういった形で浸透していくのかは，今後の国および地方自治体による高齢者介護や育児の視点からみた地域政策のあり方にも深くかかわることになるものと考えられる．

第5節　日韓の政策の逆転

家族および地域コミュニティの変容の実態，そして，そのような変容に対応した家族政策・地域政策について，同一の側面に焦点をあてて日本と韓国を眺めることで，それぞれの国の変容実態や政策動向についての相対化を試みた．

「昭和家族法は家の制度を一挙に廃止し，近代的，民主的なものに 180 度転換する改正をおこなったといってよい．韓国では，戸主制度は，強いか弱いかは別として日本に比べると後まで残ったが，ここでは，古い制度を段階的に廃止していくという方法がとられてきたように思われる．その点で，封建的な家の制度を一挙に廃止した日本と違っている」と指摘されている（中川，2003：229）．この相違については，日本では家の制度を一挙に廃止した歪みが，その後の家族をめぐる法制度に問題を残したとして韓国を評価する見解もあれば，家族制度が早くに近代的・民主的なものに切り替わったことで，日本の経済成長が韓国に先行する一要因となったとして評価する見解もある．

ところが，近年，家族をめぐる制度・政策の変更のあり方は日本と韓国の立場が逆転している．日本では 1990 年代半ばに答申された家族法改正案が棚上

げされたままであるのに対し，いまや韓国では，段階的ではなく一気に改正された．その背景には，IMF 経済危機以降に急速に表面化した急激な少子化，離婚の急増や国際結婚の増加などの諸課題に対して，個人単位化とジェンダー平等を家族法に積極的に取り入れることによって乗り切ろうという姿勢が見受けられる．そして，ケア労働の配分と協働が課題となるなか，結婚移民や在宅介護現場への外国人ヘルパーの導入もみられる．日本と比べると韓国の家族は，よりグローバル化の波を受け入れていることが指摘できる．

　一方，健康家庭基本法の実施，さらには，2008年から相次いで施行された「孝行奨励および支援に関する法律」や「家族親和社会環境の造成促進に関する法律」にみられるように，家族・家庭を社会の基礎単位として，家族の社会統合機能を強化しようという改正家族法と相反する方向性も垣間みえる．また，高齢者福祉のサービス供給の未整備や世代間の家族観の乖離を残したままで個人単位化とジェンダー平等を進めることは，個人の福祉，とくに要介護高齢者の福祉という視点からみると危惧も残る．このようななか，韓国では，個人単位化に見合った高齢者福祉サービス供給の早急な育成が求められるとともに，日本に比べ取組みがあまり進んでいない，地域福祉の推進も不可欠となっている．

　地域住民組織の存在抜きには地域福祉の推進はむずかしい．地域の基礎組織すなわち地縁型住民組織としての性格をもつ伝統的な地域住民組織としては，日本では町内会，そして，韓国では班常会があげられる．それらは，組織への加入単位は世帯が想定されていることや行政との関係が密であることなどに共通点がみられる．しかし，班常会は国の関与が強く，かつ，法的根拠があるのに対して，町内会は法的根拠があったのは数年間のみで住民の任意組織として長い間存在してきたという違いがある．加えて，町内会の方が班常会よりも対象とする世帯数が多いことやより広範な包括的課題を遂行している点などにも相違がみられる．

　とはいえ，地域住民組織への関心が集まるなか，日本も韓国も地域住民組織の再構築を試みている点は共通している．日本では市町村内に地域自治区の設置と地域協議会の組織化，そして，韓国では基礎自治体の下位行政単位である邑・面・洞での住民自治センターの設置と住民自治委員会の組織化が進められ

つつある．韓国では迅速にそれらの設置と組織化がおこなわれたのに対して，日本では各市町村にまかされたままに一部の増加にとどまっている．

また，日本も韓国も，基礎自治体は，基礎組織としての地縁型住民組織とともに地域の個別課題処理を担う NPO 法人・ボランティア団体や当事者組織などの民間非営利組織を協働の相手として認識することも必要になっている．したがって，日本・韓国ともにこれらの動向も含めて，高齢者介護や育児などのケア労働の配分と協働の視点からみた地域政策を展開していくことが重要となっている．

おわりに

まず，近年のグローバル化が進むなかでの，日本・韓国それぞれにおける，家族の変容について論じ，家族の変容については，家族形態や国際結婚などの側面からその実態を分析した．加えて，そのような家族の変容や家族規範のゆらぎのなかで，それぞれの国において，家族法（民法の親族法・相続法）改正をはじめとした法律・制度において，どのような対応がとられつつあるかについて概観した．

つぎに，地域コミュニティの変容について述べた．地域コミュニティの変容については，地域コミュニティを基盤とした伝統的な地縁型住民組織の代表として，日本については町内会，韓国については班常会を取り上げ，それらの変容の側面からその実態について把握した．加えて，町内会や班常会といった伝統的な地縁型住民組織が衰退しつつあるなかで，それぞれの国において，新たな地域住民組織の構築のために法律・制度において，どのような対応がとられつつあるかについて探った．

最後に，ケア労働の配分と協働という視点から，家族と地域コミュニティの実態把握を踏まえ，21 世紀に入ってから，家族政策や地域政策の展開において日本と韓国の立場に逆転が生じていることを指摘するとともに，双方に求められている政策の方向性について考察を加えた．

1) 核家族に関する法規制を中心としつつ，直系家族への配慮を示す民法 730

条の「直系血族・同居の親族の扶けあい」規定や氏と戸籍制度が残されたことで，家制度の一部温存が図られたという見方もある（唄，1992）．
2) 『大平総理の政策研究会報告書3　家庭基盤の充実』参照．なお，この報告書は，1979（昭和54）年に発足した「大平総理の政策研究会」のもとに設置された「家庭基盤充実研究グループ」が政府に提出したものである．
3) 1978年の『厚生白書』では3世代同居を「福祉の含み資産」として位置づけ，さらに，政府による『家庭基盤の充実対策要綱』では，高齢者扶養や子どもの保育・しつけを家庭の責務とする日本型福祉社会の考え方を提案した．
4) 韓国の場合，合計特殊出生率が急減を示したのは1990年代末から21世紀初頭までの，今回の局面が初めてではない．1960年初頭には6.0を上回っていたが，1970年代から1980年代半ばにかけ急減をみせ，2.0を下回る数値となった．それは，人口成長率が経済成長の圧迫要因として作用するという考えにもとづき，1970年代以降1990年代半ばまで，国家主導の下に人口抑制のための積極的な家族計画政策が実施されたことによるものと考えられる．
5) 合計特殊出生率は，韓国，日本ともに2005年を底として，その後やや持ち直している．2010年の数値は，韓国1.23，日本1.39である．
6) 韓国における男性優位の戸主制度の起源については対立する見方がある．一方は，それは民族的な伝統的家制度であり，それを維持することが韓国の伝統文化の継承に重要であるという見方である．他方は，戸主制度は伝統的家制度と関係なく，日本の統治下において強制的に移植された植民地時代の制度に過ぎないという批判的な見方である（金相瑢，2004）．
7) 近親婚の禁止制度は，優生学的あるいは遺伝学的な観点から，日本を含めほとんどの国において一定の範囲においてみられる．しかし，2005年以前の韓国家族法における同姓同本婚姻禁止は，一般的な近親婚禁止の範囲と異なっている．同姓で同本である血族間の婚姻は，何親等隔たっていても禁止されるというものであった．また，母系血統に対しては近親婚を野放しにしながら，父系血統については親等数にかかわらず無限に婚姻を禁止するものであった．
8) 韓国女性団体連合とともに市民社会連帯，韓国家庭法律相談所，民主社会のための弁護士会などの賛成側と儒林，正統家族制度守護全国民連合などの反対側との間では激しい論争がおこなわれた（2005年2月3日付東亜日報電子版）．
9) 戸主制度廃止は世論調査の結果などからみて賛否が拮抗するなかで決定された．
10) 原案段階では，健康家庭育成基本法という名称も使用されていた．
11) 家族法改正や健康家庭基本法をめぐる女性団体の運動の聞き取りを目的として，日本福祉大学21世紀COEプログラムの調査団の一員として，2006年9月25日にソウルの全国女性団体連合（Korea Women's Associations United）

を訪問した．家族概念の拡大を要求するとともに，離婚をさせないための離婚予防カウンセリングをねらいとした現行の家庭支援のあり方を改善することが運動目標とのことであった．

12) 2001 年に韓国政府に新設された女性部は 2005 年に女性家族部へと名称変更された．注 11）に記述した聞き取り調査によれば，女性家族部は女性政策の視点から，保育政策や母子・父子福祉とともに健康家庭基本法を担当しているため家族概念の拡大に賛成の立場を示しているが，保健福祉部や立法当局は反対の立場にあるとのことであった．2008 年 2 月の盧武鉉大統領から李明博大統領への政権交代にともなって，家族政策の担当は，女性家族部から保健福祉家族部へと移行した．

13) 「多文化家族」とは，韓国国民と結婚移民者（後に帰化によって韓国国籍を取った人も含む）によって構成されている家族のことである．韓国では，少子高齢社会への対応として，結婚移住を奨励する政策方針であることから，多文化家族をめぐる支援のあり方や社会統合のコンセプトについてはさまざまな批判も存在する．

14) 1940 年当時，名称・規模などさまざまであった地域組織は戦時体制強化のため，町内会・部落会として全国的に整備された．1943（昭和 18）年の市制・町村制改正では市町村の補助機関として法律上に位置づけられたが，1947（昭和 22）年の GHQ による町内会禁止令を受け，同年の地方自治法で行政上の位置づけは消滅した．

15) 学問上の概念として確立したのは鈴木栄太郎である．それは，1889（明治 22）年の町村制によって成立した「行政村」に対峙して提示された概念で，行政村に内在する近世以来の「農漁民が生活の原理にもとづいて構成した範域」を指している（鈴木，1940）．

16) 日本では，第 2 次世界大戦後は大規模災害が比較的少なかったこともあり，防災は行政が担うこととされ，消防庁などにより行政主体の防災力構築が進められていた．しかし，1995（平成 7）年 1 月に発生した阪神・淡路大震災は，従来の防災観を大きく揺さぶることになった．この震災を検証したところ，救出者の 98％は住民自らの活動によるなど，防災のために最も機能したのは地域住民だったことが判明した．また，まだ検証が十分にはなされていない段階であるが，2011（平成 23）年 3 月に発生した東日本大震災においても，町内会・自治会や自主防災会が，避難・地域住民の安否確認・炊き出しなどで活躍，住民の安全確保に大きな役割を果たしたと伝えられている．

17) 内閣府 NPO ホームページ https://www.npo-homepage.go.jp による．

18) 正確には，合併市町村が設置可能な合併特例区と，合併の有無にかかわらず設置可能な地域自治区がある．前者は法人格をもつのに対して，後者はもたない．

19) 朝鮮日報（2007年1月2日付・パク・ジュンヒョン記者）による．

第Ⅲ部
ケア供給の担い手育成と協働

第6章
地域活動の実態と「家事労働」「地域労働」
名古屋市調査の結果から

はじめに

　身近な地域コミュニティでの人と人との絆は，近代化・都市化のなかで見失われてきた．しかし，近年，その絆を取り戻そうという動きがみられる．また，地域コミュニティが，ケア労働の受け手と担い手とのやり取りの場となることへの期待も高まりつつある．一方，第3章・第4章で分析した英国と比べると，日本では，「地域労働」の基盤づくりのための政策や実践の展開が不十分なこともあり，誰が「地域労働」の担い手となれるのかについての見通しは明らかにはなっていない．

　したがって，本章では，ケア労働の配分と協働についての政策や実践を構想するにあたって，とくに，地域コミュニティでの地縁型「地域労働」や市民型「地域労働」の担い手像をどのように描いたらよいのかという課題について把握するとともに，その方向性を見いだすことをめざしている．具体的には，地域コミュニティでの人と人との関わりや地域活動の実態，地域コミュニティを基盤とした福祉活動の考え方を把握するとともに，「家事労働」と地縁型「地域労働」の評価について分析を加えている．

　なお，本章では，2010（平成22）年実施の第7回名古屋市男女平等基礎調査における結果データを主要な根拠にしながら，名古屋市民の意識や実態を一事例として記述している[1)2)]．

	積極的な関わり	決まりごとのみ参加	ほとんど付き合いなし	全く付き合いなし	無回答	n
全体	15.7%	32.8%	43.9%	4.1%	3.5%	1,181
女性	17.3%	35.5%	40.9%	3.0%	3.2%	723
男性	13.3%	28.4%	48.5%	5.9%	3.9%	458

凡例：
- 地域での活動を通じて，地域の方とは積極的な関わりを持っている
- 地域の清掃，ゴミの分別や防犯活動など決まりごとのみ参加している
- あいさつする程度で，ほとんど付き合いがない
- 全く付き合いがない
- 無回答

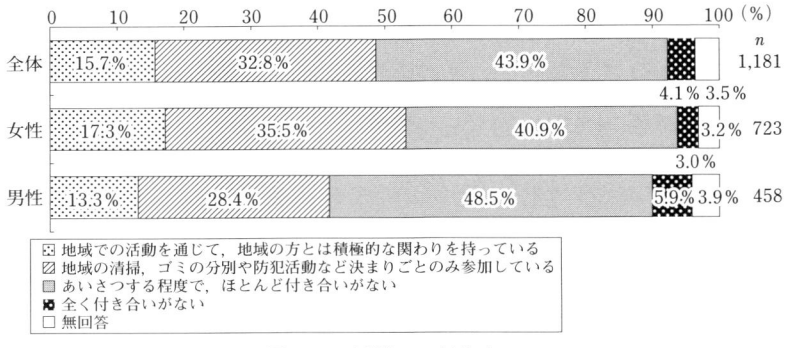

図6-1　近隣での付き合い

第1節　近隣での人と人との付き合い

近隣での付き合いは希薄

現代の地域コミュニティは開放的であるとともに，近隣・町内・小学校区・中学校区といったような大小複数の地域範囲が同心円状態に重なるという重層性を示している．ここでは，地域コミュニティのうち，最も小さな地域範囲である近隣での人と人との付き合いについて把握する．

近隣での人と人との付き合いの実態はどうであろうか．また，女性と男性で近隣での人と人との付き合いに違いはあるだろうか．地域の方との関わりについて，「地域での活動を通じて，地域の方とは積極的な関わりを持っている」（「積極的な関わり」），「地域の清掃，ゴミの分別や防犯活動など決まりごとのみ参加している」（「決まりごとのみ参加」），「あいさつする程度で，ほとんど付き合いがない」（「ほとんど付き合いなし」），「全く付き合いがない」（「全く付き合いなし」）の4つの選択肢を提示して，1つだけを回答してもらった結果が図6-1である[3]．

最も回答割合が高いのは，「ほとんど付き合いなし」の43.9％，次いで，「決まりごとのみ参加」が32.8％である．「積極的な関わり」は15.7％にとどまった．また，「全く付き合いなし」は4.1％であった．しかし，「ほとんど付き合いなし」と「全く付き合いなし」を合わせてみると，約半数の名古屋市民は近隣での人と人の付き合いが希薄であることが把握された．

表6-1 性別・10歳年齢階級別にみた近隣での付き合い

(単位:%)

		積極的な関わり	決まりごとのみの参加	ほとんど付き合いなし	全く付き合いなし
女性	20歳代	2.9	15.7	68.6	11.4
	30歳代	15.8	27.1	52.6	3.0
	40歳代	19.3	35.2	42.8	1.4
	50歳代	13.3	48.4	32.0	1.6
	60歳代	22.2	37.7	34.0	2.5
	70歳以上	24.7	42.4	23.5	2.4
男性	20歳代	2.4	9.5	76.2	11.9
	30歳代	5.6	18.3	66.2	5.6
	40歳代	12.7	25.3	48.1	12.7
	50歳代	11.3	40.0	40.0	6.3
	60歳代	15.2	33.3	43.8	1.9
	70歳以上	25.9	32.1	33.3	1.2

女性に比べて近隣関係が弱い男性

　男性は,「ほとんど付き合いなし」もしくは「全く付き合いなし」と回答した人の割合が高い.男性は女性に比べて,地域の方との関わりが弱いといえる.

　また,表6-1の通り,性別・10歳年齢階級別にみると,「ほとんど付き合いなし」と「全く付き合いなし」を合わせた回答割合が高いのは,20歳代男性の9割弱,20歳代女性の8割である.地域の方との関わりをもたない20歳代男女の割合は筆者らの予想を上回る高い割合となった.

　一方,70歳以上では,男性・女性ともに,地域の方との積極的な関わりがある者の回答割合が高く,「ほとんど付き合いなし」と「全く付き合いなし」を合わせた回答割合は,他の年齢層に比べて低い.しかし,大都市における高齢者の社会的孤立が問題視されるなか,70歳以上男性では3人にひとり,70歳以上女性では4人にひとりが,「ほとんど付き合いなし」もしくは「全く付き合いなし」と回答している点は無視できない.

第2節　共同性をはかる指標としての地域活動への参加

1　参加経験のある地域活動分野

地域活動と地縁型「地域労働」・市民型「地域労働」

　地域活動や地域住民組織への住民の参加の実態は，当該の地域コミュニティの共同性の水準を示す指標のひとつである．現代の地域コミュニティは重層性を示していることから，地域活動の場や地域住民組織の広がりも，近隣を単位としたものから基礎自治体である市町村を単位としたものまで多様である．

　一方，地域活動や地域住民組織は，本書で概念化している，共同体的な互酬性による地縁型「地域労働」に結びつく可能性があるものと，市民的な互酬性による市民型「地域労働」に結びつく可能性があるものとに分けることができる．前者の典型は町内会・自治会やPTAや子ども会などである．一方，後者の典型は消費や環境などの市民活動や福祉・子育て支援などのボランティア活動などである．

7割以上が地域活動への参加経験あり

　町内会・自治会をはじめとした具体的な地域活動分野を7つと「その他」「いずれも参加したことがない」の9つの選択肢を示して，地域活動への参加経験を尋ねたところ，「いずれも参加したことがない」(25.3%)と無回答(3.3%)を除く71.4%はいずれかの地域活動分野への参加経験があると回答した．全体としてみると，名古屋市民の4人に3人弱は地域活動への参加経験がある．また，いずれかの地域活動への参加経験があると回答した人の活動参加分野数の平均は1.9である．

　地域活動への参加経験がある割合は，2000（平成12）年実施の第5回調査の54.9%，2005（平成17）年実施の第6回調査の65.2%と上昇を辿り，今回調査では71.4%とさらなる増加をみせた．また，活動分野数の平均は第6回調査の1.8に比べると，0.1ポイント増加したことになる．

　さらに，第7回調査を第6回調査と比べた場合，参加経験割合の上昇が目立つ活動分野は，39.5%から51.1%へと変化した町内会・自治会である．第5回調査から第7回調査までの10年間で地域活動への参加経験者割合が高まっ

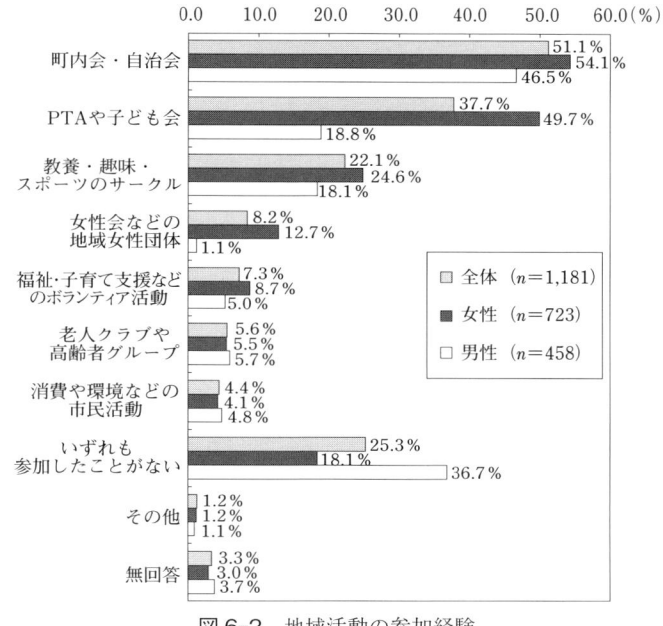

図 6-2　地域活動の参加経験

た背景には，いくつかの要因が想定できる．

　ひとつは，名古屋市民の人口構成が高齢化したことで，地域活動への参加経験割合が高い年代が回答者に占める割合が上昇したことによるものである．また，特定非営利活動促進法（NPO 法）のもとで，21 世紀に入ってから地域密着の NPO 法人が名古屋市内をはじめ周辺市町村にも多数創設されるなど，地域活動として参加できる場の選択肢が増大したことによる影響も考えられる．

　女性の方が男性と比べ，参加経験のある割合が高い点はこれまでの基礎調査の結果と同様である．第 7 回調査では，参加経験があるという回答は，女性は 78.9％と 8 割近くであるのに対して，男性は 59.6％と 6 割弱にとどまった．

性別・10 歳年齢階級別にみる参加経験のある分野

　図 6-2 に示すように，参加経験割合が高い地域活動分野の上位 3 つを性別ごとにみると，女性は「町内会・自治会」（54.1％），「PTA や子ども会」（49.7

表 6-2　性別・10 歳年齢階級別にみた地域活動の参加経験割合と平均活動分野数

	参加経験割合％ (カッコ内：参加経験者の平均活動分野数)		
	女性	男性	男女差 (女性－男性)
20歳代	48.6 (2.1)	42.9 (2.2)	5.7 (－0.1)
30歳代	64.7 (1.6)	40.0 (1.4)	24.7 (0.2)
40歳代	88.9 (2.0)	55.7 (1.6)	33.2 (0.4)
50歳代	85.2 (2.5)	67.5 (1.5)	17.7 (1.0)
60歳代	83.3 (2.2)	62.9 (1.6)	20.4 (0.6)
70歳以上	90.6 (2.0)	76.6 (1.9)	23.4 (0.1)
全体	78.9 (2.0)	59.6 (1.7)	19.3 (0.3)

％），「教養・趣味・スポーツのサークル」（24.6％）である．男性の参加経験割合は女性と比べるといずれも低いが，女性と同様な順で，「町内会・自治会」（46.5％），「PTA や子ども会」（18.8％）「教養・趣味・スポーツのサークル」（18.1％）である．

　育児にかかわる PTA や子ども会への参加経験の割合において，依然として，女性と男性の差が顕著である．育児が母親中心であるというこれまでの家庭生活での性別役割分担の実態が地域活動にも反映されたままに残っているという見方もできれば，一方，地域社会自体が伝統的性別役割規範を維持しているという見方もできる．

　表 6-2 に示すように，性別・10 歳年齢階級別にみると，いずれの年齢層においても，地域活動への参加経験割合は，女性が男性を上回っている．また，平均活動分野数においても，20 歳代を除き女性が男性を上回っている．

　第 7 回調査では，男性と女性の間での参加経験割合の差が最も大きい年齢層は 40 歳代，次いで 30 歳代である．40 歳代では 33.2％，30 歳代では 24.7％の

男女差となっている．一方，平均活動分野数の差が最も大きい年齢層は50歳代で，女性2.5に対して男性1.5であり，1.0ポイントの男女差となっている．地域活動への参加経験の割合は，女性では，70歳以上が90.6％と最も高く，次いで40歳代の88.9％である．50歳代女性，60歳代女性も，8割台といずれも女性平均を上回っている．

40歳代女性，50歳代女性では，PTAや子ども会と町内会・自治会への参加経験のある割合が他の女性年齢層に比べて高い．また，70歳以上女性が参加経験の高い地域活動分野は，「町内会・自治会」「教養・趣味・スポーツのサークル」「PTAや子ども会」に加えて，「老人クラブや高齢者グループ」（28.2％）や「女性会などの地域女性団体」（23.5％）である．一方，地域活動への参加経験は，20歳代女性は5割弱，30歳代女性は6割強といずれも女性平均を下回っている．

男性では，70歳以上が76.6％と参加経験の割合が最も高い．「老人クラブや高齢者グループ」への参加経験は，60歳代男性が4.8％にとどまるのに対して，70歳以上男性は22.2％である．ちなみに，70歳以上男性の参加経験の割合が高い地域活動分野を順に並べると，「町内会・自治会」（60.5％），「教養・趣味・スポーツのサークル」（30.9％），「老人クラブや高齢者グループ」（22.2％），となっている．一方，地域活動への参加経験は，20歳代男性と30歳代男性は4割程度，50歳代男性は5割強といずれも男性平均を下回っている．

2 参加意向のある地域活動分野
7割近くは地域活動へ参加する意向

町内会・自治会をはじめとした具体的な地域活動分野を7つと「その他」「いずれも参加したいとは思わない」の9つの選択肢を示して，地域活動へのこれからの参加意向を尋ねたところ，図6-3にみるように，「いずれも参加したいとは思わない」（24.6％）と無回答（5.7％）を除く約7割（69.7％）は，いずれかの地域活動へ参加したいと回答した．全体としてみると，3人に2人強は地域活動への参加意向があるといえる．地域活動への参加経験と同様，過去の調査と比べ高い結果となった．

また，参加意向者が取り上げた参加希望の活動分野数は平均して1.6となっ

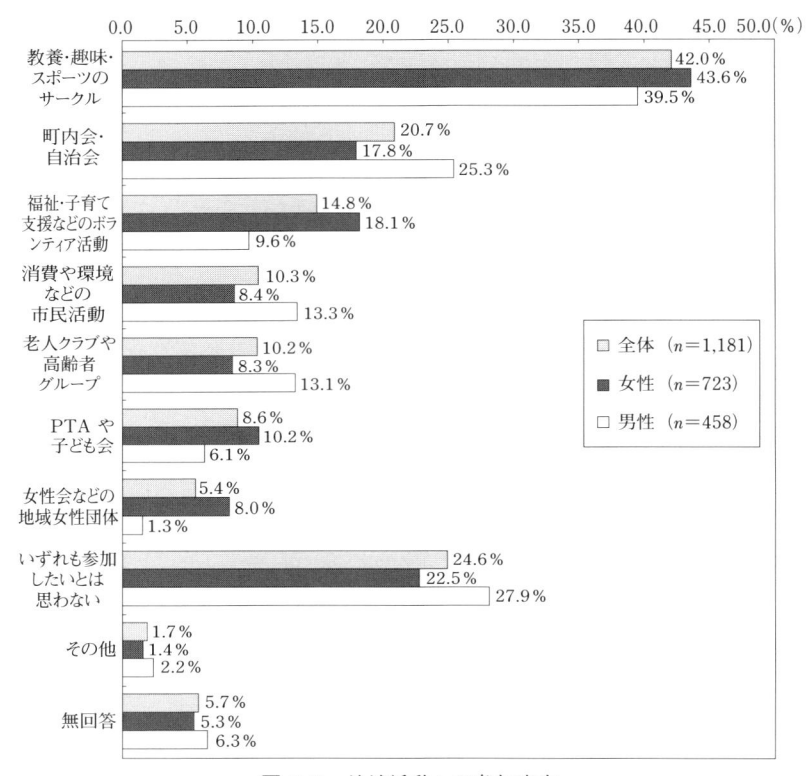

図6-3 地域活動への参加意向

た．第6回調査での参加希望の平均活動分野数1.4と比べると上昇をみせた．ただし，参加意向者の平均活動分野数は，参加経験者のそれの1.9よりは少ない数値となっている．

　女性の場合，地域活動への参加意向がある割合（72.2%）は，地域活動への参加経験のある割合（78.9%）を下回っている．逆に，男性は，参加意向がある割合（65.8%）は，参加経験のある割合（59.6%）を上回っている．したがって，参加経験でみると女性と男性では2割弱の差がみられるが，参加意向でみると1割弱の差にとどまっている．

表6-3 地域活動分野別にみた参加経験割合と参加意向割合の比較

(単位:%)

		PTAや子ども会	女性会などの女性団体	老人クラブ・高齢者グループ	町内会・自治会	福祉・子育て支援ボランティア活動	消費・環境などの市民活動	教養・趣味などのサークル
女性	参加経験	49.7	12.7	5.5	54.1	8.7	4.1	24.6
	参加意向	10.2	8.0	8.3	17.8	18.1	8.4	43.6
男性	参加経験	18.8	1.1	5.7	46.5	5.0	4.8	18.1
	参加意向	6.1	1.3	13.1	25.3	9.6	13.3	39.5
全体	参加経験	37.7	8.2	5.6	51.1	7.3	4.4	22.1
	参加意向	8.6	5.4	10.2	20.7	14.8	10.3	42.0

注:網掛け部分は,参加経験割合を上回っている参加意向割合の数値である.

最も高い教養・趣味・スポーツサークルへの参加意向

参加意向の割合が高い地域活動分野の上位3つを性別ごとにみると,女性の場合,「教養・趣味・スポーツのサークル」(43.6%)につづくのは,「福祉・子育て支援などのボランティア活動」(18.1%)と「町内会・自治会」(17.8%)である.一方,男性の場合,女性と同様に1位は「教養・趣味・スポーツのサークル」(39.5%)であるが,それにつづくのは,「町内会・自治会」(25.3%),「消費・環境など市民活動」(13.3%)の順である.

地域活動への参加意向者に絞ってみれば,男女ともに,そのうち約6割が教養・趣味・スポーツのサークルをあげている.つまり,地域活動としての教養・趣味・スポーツのサークルについては,参加経験者の割合よりも参加意向者の割合が大幅に上回っている.この点は,第6回調査でも同様な結果がみられた.地域活動への参加を活性化するためには,教養・趣味・スポーツサークルの拡充が求められている.

3 町内会・自治会への参加をめぐる新たな兆し

町内会・自治会への参加意向が上昇した背景

表6-3にみるように,町内会・自治会とPTAや子ども会については,参加経験割合に比べると,参加意向割合は低い数値を示している.ただし,第7回

調査において，町内会・自治会への参加意向（20.7％）は，第6回調査に比べると2倍近い上昇をみせた．また，地域活動への参加意向者に絞ってみれば，約3割が町内会・自治会への参加意向を示している．

「一定の地域に属することによってほぼ自動的・強制的に参加することになる性格の強い」町内会・自治会の場合，近代化・都市化の進行につれ，「参加したい」という意識が衰退するものととらえられてきた．実際，1990（平成2）年の調査開始以来，町内会・自治会への参加意向は低下を見せてきた．しかし，第7回調査において参加意向を示す割合がはじめて上昇をみせたことは，町内会・自治会活動に対する新たな兆しを示しているものとみなすこともできる．

町内会・自治会への参加意向が上昇した背景にあるものとしては，ひとつは，少子高齢化の進行のなか，多世代が交流する地域包括的な機能を備えた町内会・自治会の機能が再認識されつつあることが指摘できる．また，名古屋市では，新しい住民自治の仕組みとしての「地域委員会」が政治・行政の論点となり，賛否両論渦巻くなかで，市内8学区でのモデル実施が第7回調査の数ヶ月前に開始され，地縁型住民組織のあり方についての議論が高まったことも背景として考えられる．

一方，福祉・子育て支援などのボランティア活動，消費や環境などの市民活動や老人クラブや高齢者グループといった分野への参加意向がある割合は，数値としてはそれほど高くないが，男性も女性も，参加意向割合が参加経験割合の2倍前後となっている．市民型「地域労働」の担い手育成のためには，この格差を縮めることも課題である．

性別・10歳年齢階級別にみる参加意向のある分野

具体的な地域活動分野への参加意向について，性別・10歳年齢階級別にさらに分析を加えてみると，いくつかの特徴が見いだせる．

表6-4にみるように，20歳代では，参加意向割合は男性の方が女性より高い．逆に，30歳代と40歳代では参加意向割合は女性が男性を大きく上回り，50歳以上ではその差は縮まる．70歳以上のみに絞ってみると，男性と女性の参加意向割合は同じである．また，参加意向のある者に絞って，男女の平均希望分野数を比べてみると，50歳代以外の年齢層において，男性が女性より高い値

表6-4　性別・10歳年齢階級別にみた参加意向割合と平均希望分野数

	参加意向者の割合% (カッコ内：参加意向者の平均希望分野数)		
	女性	男性	男女差 (女性－男性)
20歳代	61.4 (1.6)	64.2 (1.8)	－2.8 (－0.2)
30歳代	75.9 (1.5)	59.1 (1.7)	16.8 (－0.2)
40歳代	73.1 (1.6)	54.4 (1.7)	18.7 (－0.1)
50歳代	67.9 (1.7)	66.2 (1.5)	1.7 (0.2)
60歳代	75.3 (1.5)	72.4 (1.6)	2.9 (－0.1)
70歳以上	74.1 (1.7)	74.1 (1.9)	0.0 (－0.2)
全体	72.2 (1.6)	65.8 (1.7)	6.4 (－0.1)

を示している．

　PTAや子ども会への参加意向のある割合は全体平均では8.6%と低いが，子育て期に相当する30歳代女性（24.1%）と40歳代女性（20.7%）は2割台を示している．また，PTAと子ども会と同様に，限定されたライフステージにのみ参加可能な地域活動と位置づけられる老人クラブや高齢者グループの場合も，参加意向のある割合に年齢の要素が大きく影響している．老人クラブや高齢者グループへの参加意向の割合の全体平均は10.1%にとどまっているが，70歳以上男性の35.8%，70歳以上女性の25.9%が参加意向を示している．したがって，70歳以上では男女ともに，老人クラブや高齢者グループが参加意向のある地域活動の第2位を占めている．

　町内会・自治会についても，性別・10歳年齢階級別にみてみると，参加意向の違いが見いだせる．20歳代と60歳代，70歳以上の年齢層においては，男性は女性に比べて「町内会・自治会」への参加意向がある割合が高い．とくに，60歳代男性と70歳以上男性で地域活動への参加意向がある者に絞ってみると，

半数近くが，町内会・自治会への参加意向を示している．

福祉・子育て支援などのボランティア活動への参加意向

　福祉・子育て支援などのボランティア活動への参加意向がある割合は女性18.1％と男性9.6％を上回っている．とくに，20歳代女性と50歳代女性は4人にひとりが参加意向を示している．一方，男性は女性と比べ，福祉・子育て支援などのボランティア活動への参加意向は低い．ただし，第6回調査では，70歳以上男性を除くとわずか参加意向は1％程度であったのに対し，第7回調査では，20歳代男性，30歳代男性および50歳代男性において1割以上を示した．5年間の間での有意な変化が確認された．

　一方，消費や環境などの市民活動への参加意向がある割合は男性（13.3％）が女性（8.4％）を若干上回っている．消費や環境などの市民活動への参加意向は属性による大きな差は見いだせないが，性別・10歳年齢階級別にみると，50歳代男性の18.8％が最も高く，次いで，70歳男性の13.6％，60歳代女性の13.0％となっている．

第3節　「地域労働」への期待

1　高齢者の見守りなどの地域の支え合い活動

地域の支え合い活動が必要という見方は全体的に浸透

　地域で暮らす認知症高齢者や一人暮らし高齢者に対して，地域の人びとによる理解の促進，また，見守りや声かけの必要性が指摘されている．

　一人暮らしの高齢の方への見守りなど地域の福祉課題について，住民相互の自主的な支え合い，助け合いの活動の必要性の有無について尋ねたところ，女性64.7％，男性59.8％が「そう思う」という回答を選択した．必要性への姿勢が消極的である「ややそう思う」という回答をあわせると，女性の93.9％，男性の89.1％という大多数が，一人暮らしの高齢の方への見守りなど地域の福祉課題について，住民相互の自主的な支え合い，助け合いの活動が必要と思っていることが把握された．

　一方，地域の支え合い活動の必要性に後ろ向きである「あまりそう思わな

表6-5 近隣との積極的な関わりの程度と地域の支え合い活動の必要性の意識　（単位：％）

近隣との関わりの程度		地域の支え合い活動の必要性	
		そう思う	ややそう思う
女性	積極的関わり	80.8	19.2
	決まりごとのみ参加	63.4	32.3
	ほとんど付き合いなし	62.8	31.8
	全く付き合いなし	50.0	40.9
男性	積極的関わり	75.4	19.7
	決まりごとのみ参加	64.6	29.2
	ほとんど付き合いなし	57.7	32.4
	全く付き合いなし	48.1	40.7

い」と「そう思わない」をあわせた回答は，性別・10歳年齢階級別の差は小さく，いずれのグループにおいても1割以下にとどまった．

住民相互の自主的な支え合い，助け合いの活動への参加の可能性ではなく，一般的な是非を尋ねる質問内容であったことが必要性に同意する割合の高さに影響したとも考えられるが，それを割り引いても，一人暮らしの高齢の方への見守りなど地域の支え合い活動に前向きな姿勢は，性別・年齢の違いを超えて広く共有されていることが確認された．

近隣関係が地縁型「地域労働」への姿勢に影響

地域の支え合い活動の必要性について，「そう思う」という積極的な回答には，表6-5にみるように，近隣との積極的な関わりの程度が反映されていることが推察される．

近隣との関わりの程度が強いほど，「そう思う」という回答割合が高い．「そう思う」という回答は，カイ二乗検定によっても，近隣との積極的な関わりの程度による有意な差が確認された．しかし，近隣関係の程度が弱いと回答している者においても，地域の支え合い活動に反対ではなく，消極的にはなるが賛成を示している．

2 育児支援活動に期待する取組み

地域の親子のための育児支援活動

「あなたは，地域の親子の子育て支援のためにどのようなことをしたらよいと考えますか」という質問文とともに，地域の親子の育児支援のための具体的な取組みの内容を5つと「その他」「特にする必要はない」の7つの選択肢を示し，複数選択を可とした．この質問は，回答者が育児支援の取組みの内容として期待している内容を選択するという側面と，回答者自身が育児支援の担い手として活動してもよい取組みの内容を選択するという側面の両側面が反映された結果になったものと推測される．

「特にする必要はない」（4.4%）と「無回答」（3.7%）を合わせても1割以下にとどまり，91.9%と9割以上は，地域の親子のため，いずれかの育児支援の取組みが必要と回答した．また，取組みの内容のいずれかを選択した者に絞ってみると，必要取組み数の平均は2.4となった．

「子どもがよくないことや危険なことをしているのを見かけたら注意する」（「子ども注意」）の回答は男性71.8%，女性71.1%と男女ともに最も多く，ほぼ同じ割合であった．また，「地域の親子に出会った時には気軽に声をかける」（「気軽に声かけ」）は女性63.8%，男性57.2%，「育児などで困っている人の相談にのる」（「育児相談」）は女性32.8%，男性24.2%，「親の緊急の用事などの時に，一時的に子どもをみる」（「一時預かり」）は女性34.0%，男性22.7%という結果となり，男性に比べると女性の方が高い回答割合となった．

一方，「子どもを対象とした遊びや活動などの企画や実施にかかわる」（「企画・活動支援」）という回答割合は男性21.8%となり，女性15.5%に比べて，高い結果となった．

育児支援活動についての性別・10歳年齢階級別意向

必要とする育児支援の取組みについて，性別・10歳年齢階級別にさらに分析を加えてみると，表6-6にみるような特徴が見いだせる．

性別・10歳年齢階級別にみて，「子ども注意」と「気軽に声かけ」は上位3位までに入っている．一方，「育児相談」は50歳代までは男女ともに3位までに入っているが，60歳代および70歳以上では回答割合が低下をみせ，3位ま

表 6-6 性別・10 歳年齢階級別にみた育児支援活動の上位を占める回答

(単位:％)

年齢	性別	第1位	第2位	第3位
20歳代	女性	気軽に声かけ (62.9)	子ども注意 (58.6)	育児相談 (54.3)
	男性	子ども注意 (64.3)	育児相談 (47.6)	気軽に声かけ, 企画・活動支援 (42.9)
30歳代	女性	子ども注意 (76.7)	気軽に声かけ (60.2)	育児相談 (46.6)
	男性	子ども注意 (69.0)	気軽に声かけ (54.9)	育児相談 (29.6)
40歳代	女性	子ども注意 (70.3)	気軽に声かけ (60.0)	育児相談 (44.8)
	男性	子ども注意 (75.9)	気軽に声かけ (51.9)	育児相談 (34.2)
50歳代	女性	子ども注意 (70.3)	気軽に声かけ (65.6)	育児相談 (50.0)
	男性	子ども注意 (66.3)	気軽に声かけ (58.8)	育児相談 (21.3)
60歳代	女性	子ども注意 (73.5)	気軽に声かけ (61.0)	一時預かり (29.6)
	男性	子ども注意 (76.2)	気軽に声かけ (61.0)	一時預かり (18.1)
70歳以上	女性	子ども注意 (70.6)	気軽に声かけ (69.4)	一時預かり (29.4)
	男性	子ども注意 (74.1)	気軽に声かけ (65.4)	一時預かり (29.4)

注:カッコ内の数字は,それぞれの性別・年齢別の回答者のうち,当該の条件を選択した回答者の割合である.

でに入っていない．60歳代および70歳以上では，「育児相談」よりも「一時預かり」の方が高い回答割合となった．また，子どもを対象とした「企画・活動支援」は，全体では18.0％の回答にとどまったが，20歳代男性の回答は42.9％と高い割合を示した．

地域の親子のための育児支援活動の担い手の育成においては，性別，年齢別の視点を組み入れることは重要と考えられる．20-50歳代の女性の場合は「育児相談」，そして，20歳代の男性の場合は子どもを対象とした「企画・活動支援」が，他の性別・10歳年齢階級別に比べ有意に高いことが示された．

第4節　「家事労働」「地域労働」の社会的・経済的評価

1　無償労働の可視化と評価の客観性

育児や高齢者介護などのケア労働（生命再生産労働）は，社会的に重要な労働としての側面をもちながらも，それらが家族・地域コミュニティの場において担われる場合には，無償労働として扱われてきた．しかし，1980年代以降の英国の社会政策分野でのインフォーマルケアへの関心の台頭などをはじめ，

次第に,「家事労働」や「地域労働」に潜在する経済的・社会的意味が発見されるようになった. また, 1990年代半ばに, 中国・北京での第4回世界女性会議における行動綱領のなかに,「無償労働のタイプや配分などを目に見える形で表す」ことが記述されたこともあって, 家族・地域コミュニティの場で担われる育児や高齢者介護, すなわち, 本書での「家事労働」や地縁型「地域労働」を, 社会的・経済的に評価することの必要性への認識が広まった.

1990年代半ば以降には, 家族・地域コミュニティの場での無償労働を評価するための調査・研究が, 学術領域でも政策領域でも取り組まれてきた（後藤, 1996c；伊藤, 1997；経済企画庁, 1998）. これらの調査・研究の取組みは, 無償労働を可視化することはできたものの,「家事労働」や地縁型「地域労働」を客観的に評価する指標の確立やそれらの担い手を社会的・経済的に評価する政策の実施には必ずしも結びついていない. 無償労働の担い手をどのように評価するか, 依然として課題は残っている.

第7回調査では,（1）家庭での育児,（2）家庭での介護,（3）地域における福祉活動の3つの分野について, ケア労働の評価についての質問を加えた. 具体的には,「手当の支給や税制上の優遇などで経済的に評価する」(「経済的に評価」),「表彰などで社会的に評価する」(「社会的に評価」),「この役割について経済的・社会的に評価する必要はない」(「評価の必要なし」),「その他」,「わからない」の5つの選択肢を示して, 社会的・経済的評価についての考え方を質問した. なお, 程度の差はあっても, 性別, 年齢別や有職・無職の別なく, すべての者が家庭での育児・高齢者介護や福祉活動などの無償労働を, さまざまな形で担っているという前提での質問となっている.

2 家庭での育児の経済的評価をめぐる女性の間での意見の違い

「家事労働」としての家庭での育児については,「経済的に評価」という回答割合が最も高く, 女性57.4%, 男性53.3%と男女ともに5割を上回った. 一方,「社会的に評価」は女性4.7%, 男性9.6%といずれも1割以下にとどまった. さらに,「評価の必要なし」は女性12.2%, 男性14.6%と1割台であった. 加えて,「わからない」（女性18.0%, 男性15.5%）,「無回答」（女性3.9%, 男性4.6%）と意見表明をしなかった回答割合が2割強となった.

表 6-7 性別・10 歳年齢階級別にみた家庭での育児の評価方法

(単位：%)

		経済的に評価	社会的に評価	評価の必要なし	わからない
女性	20歳代	71.4	2.9	5.7	15.7
	30歳代	67.7	4.5	7.5	15.0
	40歳代	60.0	3.4	17.9	13.1
	50歳代	54.7	3.9	10.2	17.2
	60歳代	49.4	5.6	14.8	22.8
	70歳以上	44.7	8.2	12.9	24.7
男性	20歳代	47.6	16.7	16.7	16.7
	30歳代	52.1	8.5	14.1	16.9
	40歳代	58.2	5.1	19.0	15.2
	50歳代	57.5	12.5	8.8	16.3
	60歳代	55.2	6.7	15.2	15.2
	70歳以上	45.7	12.3	14.8	13.6

注：「その他」「無回答」の回答割合は記載していない．

　第7回調査より8ヶ月ほど前に実施された，内閣府の『男女共同参画に関する世論調査』（平成21年10月）では，家庭での育児について同じ質問をしている．内閣府調査の結果は，家庭での育児を「経済的に評価」が女性70.1%，男性71.0%でいずれも7割を超え，第7回調査に比べて高い回答割合となっている．また，「社会的に評価」は女性3.4%，男性6.4%，さらに，「評価の必要なし」は女性15.1%，男性12.5%と第7回調査との差は，いずれも3%範囲内でほぼ同程度の割合である．一方，内閣府調査は個別面接調査の方法を採用していることから，「わからない」は男女ともに5%程度である．したがって，郵送調査の方法で実施されている第7回調査を内閣府調査の結果と比べてみると，「経済的に評価」の回答割合が低く，「わからない」を選択した回答割合が高いといえる結果を示している（内閣府，2009a）．

　表6-7の通り，性別・10歳年齢階級別にみると，家庭での育児の「経済的に評価」をめぐって，男性は年齢による意見の違いがあまり見いだせないのに対して，女性では年齢による意見の違いが目立っている．女性の20歳代および30歳代では，家庭での育児を「経済的に評価」の回答割合はそれぞれ7割前後と，他の性別・年齢階級に比べて高い．一方，女性の60歳代と70歳代では，家庭での育児を「経済的に評価」という回答は半数以下にとどまっている．

加えて，女性の60歳代と70歳代では，2割強が「わからない」と回答している．

また，家庭での育児の「経済的評価」について，巷間に流布している「無職女性の方が有職女性より育児の経済的評価を望んでいる」という仮説を検証したところ，仮説は棄却された．家庭での育児の「経済的評価」については，女性の有職・無職別による意見の違いは見いだせなかった．したがって，家庭での育児の経済的評価をめぐって，女性の間での考え方に影響を及ぼしているのは，有職・無職の別ではなく，年齢階級別であった．

3　介護保険の導入と家庭での介護の評価

「家事労働」としての家庭での介護について，「経済的に評価」という回答割合が最も高く，女性73.3％，男性69.2％，全体で71.7％となった．一方，「社会的に評価」は女性1.7％，男性4.6％と低い割合となった．さらに，「評価の必要なし」は女性5.1％，男性9.2％と1割以下であった．「わからない」（女性13.6％，男性9.6％），「無回答」（女性3.7％，男性4.1％）と意見表明をしなかった回答が女性では2割近くとなった．

2000（平成12）年4月の介護保険制度の導入は，高齢者介護は家族が一義的に担うべきというそれまでの社会通念を大きく変えた．すなわち，介護保険の導入は，家庭での介護の外部化を進め，無償労働が家庭内から家庭外に移行すれば，あるいは，家庭内であっても家族員ではなく家族員以外の人が担えば有償労働になるというプロセスをまのあたりにする機会を増やした．そのことは，無償労働の経済的価値を客観的に評価する契機となったものと考えられる．そして，家庭での介護を「経済的に評価」する回答割合を押し上げたものと考えられる．加えて，介護保険制度導入後10年を過ぎてもなお，家庭での介護供給量が必ずしも減少していないという家族介護負担の実態も，「経済的に評価」が高い割合となったことの背景にあるものと考えられる[4]．

前項の家庭での育児でも引用したが，内閣府の『男女共同参画に関する世論調査』（平成21年10月）には，家庭での介護についての質問も含まれている．内閣府調査の結果は，家庭での介護について，第7回調査と同様，「経済的に評価」が最も割合が高く，女性81.2％，男性76.2％である．男女ともに，第

表6-8 性別・10歳年齢階級別にみた家庭での介護の評価方法

(単位：%)

		経済的に評価	社会的に評価	評価の必要なし	わからない
女 性	20歳代	81.4	2.9	2.9	10.0
	30歳代	79.7	2.3	3.0	12.8
	40歳代	77.9	0.7	4.1	11.7
	50歳代	75.0	0.0	3.9	10.9
	60歳代	66.7	2.5	4.9	17.3
	70歳以上	58.8	2.4	14.1	17.6
男 性	20歳代	54.8	14.3	9.5	19.0
	30歳代	69.0	2.8	8.5	8.5
	40歳代	78.5	1.3	11.4	7.6
	50歳代	73.8	5.0	6.3	10.0
	60歳代	71.4	1.9	9.5	9.5
	70歳以上	60.5	7.4	9.9	7.4

注：「その他」「無回答」の回答割合は記載していない．

7回調査の結果に比べて1割近く高い．また，「社会的に評価」も女性4.6%，男性8.5%と第7回調査より若干高い回答割合となっている．家庭での育児と同様に，家庭での介護についても，第7回調査を内閣府調査に比べてみると，「経済的に評価」の割合は下回り，「わからない」を選択した回答割合は上回っている（内閣府，2009a）．

表6-8の通り，性別・10歳年齢階級別にみると，女性では，年齢階層が低いほど，家庭での介護を「経済的に評価」という回答割合が高い．20歳代女性および30歳代女性では，「経済的に評価」の回答割合は約8割と高い．一方，70歳代女性では，「経済的に評価」の回答割合は6割以下である．70歳女性の場合，「評価必要なし」の回答が14.1%であり，他の性別・年齢階級に比べて，最も高い数値となった．また，男性の40歳代，50歳代および60歳代では，「経済的に評価」の回答割合が比較的高く，いずれも7割を上回る回答割合となっている．

4 社会的評価と経済的評価が拮抗している地域の福祉活動

地縁型「地域労働」としての地域における福祉活動については，「経済的に評価」37.3%と「社会的に評価」33.3%の回答割合が拮抗している．また，女

表6-9 性別・10歳年齢階級別にみた地域の福祉活動の評価方法
(単位:％)

		経済的に評価	社会的に評価	評価の必要なし	わからない
女性	20歳代	37.1	45.7	4.3	8.6
	30歳代	41.4	32.3	6.0	15.0
	40歳代	40.0	34.5	5.5	15.9
	50歳代	39.1	28.1	9.4	15.6
	60歳代	40.1	21.0	8.6	24.1
	70歳以上	31.8	24.7	10.6	18.8
男性	20歳代	26.2	42.9	19.0	9.5
	30歳代	36.6	40.8	7.0	9.9
	40歳代	36.7	40.5	11.4	10.1
	50歳代	38.8	43.8	5.0	7.5
	60歳代	32.4	40.0	11.4	10.5
	70歳以上	35.8	25.9	7.4	18.5

注:「その他」「無回答」の回答割合は記載していない.

性では「経済的に評価」との回答割合が38.9％,男性では「社会的に評価」との回答割合が38.6％で最も高い結果となった.「評価の必要なし」は,女性7.5％,男性9.6％といずれも1割以下であった.第7回調査での家庭での育児と家庭での介護の評価についての回答結果と比べてみると,地域における福祉活動は,「経済的に評価」の回答割合が低く,「社会的に評価」の回答割合が高いといえる.

表6-9にみるように,性別・10歳年齢階級別の差異は大きくないが,女性の30歳代から60歳代まで,他の性別・年齢階級に比べ,「経済的に評価」が若干高い.また,「社会的に評価」について,女性20歳代および男性の20歳代から60歳代まで,他の性別・年齢階級に比べ若干高く,4割を上回っている.女性60歳代以上および男性70歳以上では「わからない」が2割前後と高い.

地域における福祉活動の評価は,第7回調査ではじめて導入した独自設問であるので,他の調査結果と比べることはできない.しかし,地域における福祉活動を何らかの形で評価するべきと多くの名古屋市民が考えていることが確認できた.

第 6 章　地域活動の実態と「家事労働」「地域労働」　161

おわりに

　地域活動への参加経験割合は実態でみると，女性が男性を上回っている．しかし，女性の場合，PTA や子ども会など育児の延長上に地域活動への参加経験が位置づけられ，特定のライフステージに限定された活動が中心であるという構図がみえる．また，男性と異なり，女性の間では，地域活動への参加経験や参加内容について，有職・無職という雇用状態による違いがみられなかった．
　一方，地縁型住民組織の代表とされる町内会・自治会について，男女ともに，5 年前の第 6 回調査と比べ 2 倍の参加意向が示された点が注目される．また，近隣関係が希薄化しているなか，高齢者の見守りなどの地域での支え合い活動や地域の育児支援活動については，ジェンダーや世代の違いを超えて，多くの名古屋市民がその必要性を支持する結果が示された．これらの結果から，「地域労働」への期待が高いことが確認された．しかし，誰が地域の支え合い活動や育児支援活動の担い手になるのかという課題は，十分に議論されないままに残されている．
　名古屋市ではこの数年，新たな下部行政単位もしくは地縁型住民組織としての「地域委員会」の創設をめぐって試行錯誤が続いている．名古屋市の地域委員会は，地域住民によって選ばれた委員が地域課題を解決するため，税金である市予算の一部の使い途を議論することを主要な創設目的としている．
　地域委員会の検証のために実施した調査結果の分析からも，地縁型「地域労働」は誰が担い手になるのかといった点での合意が形成されていないことが明らかとなり，第 7 回調査の結果と同じような課題が見いだされた．
　平成 21（2009）年度から開始された地域委員会モデル事業の検証のために翌年度に実施したアンケート調査結果では，「わたしたちの地域のことは，わたしたちが決める」という地域委員会の理念に賛成の割合は 8 割を超え，「あなたは，地域委員会の実施により以前と比べて地域活動や住民自治に対する関心が高まると思いますか」という質問に対しては，「高まると思う」と「どちらかといえば高まると思う」という回答を合わせると 6 割を上回った[5]．さらに，地域委員会が決定した予算にもとづく地域活動に参加するかどうかについての質問では，4 人のうち 3 人は参加の意向を示している．しかし，高い参加

意向を示している一方，条件にかかわらず参加する意向を示している回答割合は低く，「内容次第」や「日程が合えば」という条件付きで参加を考えている回答が多い．とくに，内容次第で参加するという回答割合が高い点は見逃せない．

最後に，「家事労働」と地縁型「地域労働」をめぐる評価である．家庭での育児や高齢者介護，すなわち，「家事労働」については経済的に評価すべきという意見が多数を占めた．また，地域の福祉活動，すなわち，地縁型「地域労働」については経済的に評価すべきという意見と社会的に評価すべきという意見が拮抗している．ただし，これらの無償労働を実際に担っている度合いが高い女性の方が男性に比べると，経済的に評価すべきという声が大きい．これらの意見も生かしながら，地域の支え合い活動や地域の育児支援活動のしくみを創っていくことが求められている．

1) 名古屋市男女平等参画基礎調査は，1982（昭和 57）年度に開始され，1985（昭和 60）年度以降は 5 年ごとに継続されてきた．筆者は，1990（平成 2）年度以降，質問項目の設計や報告書の執筆という形でかかわってきた．第 7 回調査は，男女平等参画行政研究会が名古屋市総務局総合調整部男女平等参画推進室と協力して実施したものである．なお，男女平等参画行政研究会は，筆者の他，石川洋明氏（名古屋市立大学），加藤容子氏（椙山女学園大学），末盛慶氏（日本福祉大学）で構成され，筆者が会長をつとめた．また，第 7 回調査の調査票作成にあたっては，その冒頭において，回答者個人が特定されない配慮をすること，結果データは今後の施策決定の参考とそれに関連する学術的研究のみに使用すること，答えたくないところは回答しなくてもよいことなどを記述することによって研究上の倫理的配慮をおこなった．
2) 第 7 回調査での調査カテゴリーは，家族，労働，地域，人権，基本的属性の 5 つに大きく分けられる．なお，第 7 回調査の概要は以下の通りである．
①調査方法：往復郵便法
②調査期間：平成 22（2010）年 6 月 1 日から 6 月 22 日の 22 日間
③調査対象者数：4000 人（女性 2042 人，男性 1958 人）
④回答者数：1259 人（回収率 31.5%），うち有効回答者数 1181 人（有効回収率 29.5%）

なお，母集団である名古屋市民の 20 歳以上人口構成比と比較した回答者の特徴として，男女合計では 20 歳代の構成比が小さく，60 歳代の構成比が大きいこと，男女別に見ると男性の 20 歳代の構成比が小さく，60 歳代および 70

歳以上の構成比が大きい．このことから，若年層の回収率の低さ，男性高齢層の回収率の高さは偶然起こりうる範囲を超えており，得られた標本は性別年齢階級別の分布において偏っていることへの留意が必要である．ただし，こうした傾向すなわち若年層の回収率が低く，高齢層の回収率が高いという傾向はこれまでの基礎調査にも共通している．

　　第7回調査全体の報告書は，『第7回男女平等参画基礎調査に関する報告書』（2011年3月，名古屋市）として刊行済みである．報告書刊行後に，結果データを使用することの許可をえている．
3）　地域活動への参加経験と参加意向については第6回調査から継続した質問であるが，「近隣での付き合い」「高齢者の見守りなどの地域の支え合い活動の必要性」「地域の親子への育児支援の内容」「家庭での育児・介護や地域での福祉活動の経済的・社会的評価の方法」といった質問は，第7回調査ではじめて導入された質問である．
4）　家庭での介護については，地方自治体単独事業として，「家事労働」の担い手に対して介護手当や家族介護慰労金という形での現金給付を実施している事例もある（菊池，2010）．ただし，これらは必ずしも客観的な経済的評価にもとづいて金額が設定されているわけではない．
5）　検証のためのアンケート調査は平成22（2010）年の8-9月にかけて，8つのモデル地区の全住民およびモデル地区以外の市民2000人を対象に名古屋市が実施したものである．回答者数は，モデル地区1万7362人（回収率24.2％），市民1102人（回収率55.1％）であった．なお，2009（平成21）年からモデル実施された名古屋市の地域委員会について検証作業と制度設計の提言をおこなうため，筆者も一員として参加した「地域委員会研究会」が設置された．

第 7 章
地域を基盤としたネットワークとケア労働
「家事労働」と「地域労働」との協働の促進に向けて

はじめに

　家族・地域コミュニティでのケア労働が，担い手にとっても受け手にとっても充実したものになるためには，家族・地域コミュニティそれぞれの領域でのケアの担い手の労働を支える論理を尊重する形での，適切な政策支援が不可欠であると考えられる．

　「家事労働」や「地域労働」を支える論理については，第1章で提示した表1-1において，記述を試みている．「家事労働」は，家族固有の愛情や権威に共同体的な互酬性が絡まって，家族員によって担われてきた．しかし，家族の小規模化・個人化や「家事労働」の家庭外への移行が進むなか，家族の権威や共同体的な互酬性は弱まり，家族の愛情（情緒）のみが残された「家事労働」を支える論理になりつつある．

　また，「家事労働」と地縁型「地域労働」は，ともにインフォーマルな担い手として，高齢者介護や育児をめぐる課題解決においては，両者の協働が期待されている．しかし，村落的生活様式が残っている農村部に比べると，都市部の地域コミュニティでは，家族と家族の間でのケア労働の相互扶助すなわち互助は難しくなっている．したがって，家族と家族を結びつけるためには，意図的な取組みが必要になっている．

　地縁型「地域労働」と市民型「地域労働」も接合していくことが求められているが，それぞれの労働を支える論理の違い，すなわち，共同体的な互酬性と市民的な互酬性の違いが両者の協働を阻害することがある．加えて，両者ともに，「公務労働」や「企業労働」との協働や代替を求められるようになるなか，

互酬性の論理のみでは,「公務労働」の平等性や「企業労働」の効率性に対峙できない状況に直面している.

したがって,「家事労働」と「地域労働」が,先に述べたような,いくつかの複雑な隘路を抜け出て協働するためには,行政や専門職による適切な支援が不可欠となっている.

本章は,子どもの虐待防止と高齢者の見守りという今日的課題を対象としながら,子育て支援ネットワークや高齢者の見守りネットワークなどの実践事例を調査した結果を踏まえ,「家事労働」と「地域労働」が直面している課題や専門職による支援のあり方,また,両者間でどのような方向でのケアの協働を展望するべきかについて述べる.

第1節　地域コミュニティでの「子育て支援ネットワーク」

1　子育て支援ネットワークへの関心の高まり

1990年代半ば以降に本格化した少子化対策の一環として,また,児童虐待問題への社会的な認識・関心の高まりを受け,地域で暮らす子育て家庭への支援の必要性が唱えられてきた.その結果,行政による法制化や政策的対応の推進にとどまらず,NPO,自主的サークルや企業を含めた民間によっても,親子の居場所づくりや母親への育児相談など,多様な育児支援サービスの供給がみられてきた.このような動きを背景として,自ら求めて行動する家庭,そして,必要な場合にはSOSを発することができる家庭やサービスを購入できる家庭に対しては,育児支援サービスの供給は量的にも質的にもかなり増大してきたといえる.

一方,SOSを発することができない家庭や外からの支援を拒絶する家庭を対象とした子育て支援については,その必要性が繰り返し指摘されながらも,あまり前進がみられていない.このようななか,育児をするうえで不利な条件を抱えているために育児困難に直面するリスクの高い家庭,すなわち,「条件不利家族」の子育ち・子育て支援の具体的方策のひとつとして,子育て支援のための多様な支援機関・支援者によるネットワークの活用が指摘されている[1].

そのうち,虐待防止のネットワークについては,2004(平成16)年に,要

保護児童対策地域協議会（子どもを守る地域ネットワーク）として法制化されている．しかし，高齢者の見守りネットワークと比べ，育児分野での，地域コミュニティを基盤とした予防的な支援ネットワークをめぐる課題の抽出や有効性の検証についての学術的研究は少数にとどまっている[2]．・育児困難に直面するリスクの高い家庭を早期に発見および事前予防的に支援することを目的とした子育て支援ネットワークについて，その実態や今後の課題はどこにあるかをみておくことが必要となっている．

2　育児困難家庭の支援

　筆者は，愛知県内の複数の市町村において，育児支援活動や子育て支援ネットワーク構築，さらに，福祉と保育・教育の専門職連携や子育て支援ネットワーク活動に関するモデル事業の企画・調査・評価などにかかわってきた．育児支援活動や支援ネットワーク構築には，すべての子育て家庭を対象として，育児不安の軽減による虐待の事前予防・早期発見のねらいが含まれている．しかし，実践活動や調査結果を振り返ってみると，結果として，リスクが高い子育て困難家庭は支援ネットワーク網の目から抜け落ちがちである．子育て支援ネットワークの対象として含まれないままに，深刻な虐待などが起こった後にはじめて，事後的に社会的支援の対象になる場合が多いことに気づかされた．
　単一な機関や個人による閉鎖的な子育て支援では問題解決ができにくい事象が増加するなか，支援機関・支援者が個別の専門分野や行政・民間の壁を越えて相互協力することで，前向きな支援を提供できるのではないかとして，子育て支援のネットワークを構築することへの関心を強めてきた．一方，子育て支援をめぐる政策レベルと現場レベルのすり合わせやネットワークの構築技法が不在のままでは，最も必要な対象者には，ネットワークによる予防的支援は届きにくいのではという問題意識をもつようになった．

3　子育て支援ネットワーク調査

　都市部で暮らす子育て困難家庭の早期発見・予防的支援の実態に焦点をあてることを通して，彼らを対象に含むネットワークの機能と構造の特徴，その実態と今後の課題を抽出したいと考えた．本節は，名古屋市での収集資料や子育

て支援ネットワーク調査の結果データを主な根拠として記述している．市全体の子育て支援施策や市内16行政区についての子育て支援ネットワークに関する基礎的データを収集・整理する一方，協力を了解いただけた複数の行政区の子ども家庭支援担当主査に対する半構造化面接を実施した[3]．

　面接調査では，それぞれの行政区内の子育て支援ネットワークのあゆみと位置づけや保健所との連携の実態について，また，そこでの業務について，さらには，子育て困難に直面するリスクの高い家庭を予防・発見・防止するうえでのネットワーク構築という方法の有効性をどのようにとらえているかについても質問した．

　なお，ネットワークの調査・分析においては，①福祉・保育・教育・保健などの関係機関・専門職による連携のヨコの広がり，②育児サークルや子育て支援NPOとの有機的な結びつきの工夫，③同一地域内にある複数の子育て支援ネットワークの把握とそれらネットワークの水平的・垂直的な重なり，さらには，④子どもの人権の視点の有無，を重視した．

4　行政による子育て支援ネットワーク構築

　名古屋市では，次世代育成行動計画として2004（平成16）年に策定された「なごや子ども・子育てわくわくプラン前期計画」（平成17-21年度）のなかに，地域での子育て支援ネットワークづくりが掲げられ，その整備として，子ども・子育て支援センターの設置，なごや子ども・子育てわくわくプラン推進懇談会の設置，身近な地域でのネットワークづくりや赤ちゃん訪問事業が打ち出された．また，2006（平成18）年，16の区役所すべてに子ども家庭支援担当主査を配置，その主査が地域子育て支援ネットワークを担当することとされた．2010（平成22）年度からの「なごや子ども・子育てわくわくプラン後期計画」においても，地域子育て支援ネットワークづくりは引き続き，施策として掲げられている．

　なお，子ども家庭支援担当主査は児童虐待防止担当でもあり，なごやこどもサポート区連絡会議の事務局も担当することとなっている．なごやこどもサポート区連絡会議は，2000（平成12）年の児童虐待防止法の制定を受け，16行政区に，要綱によって2001年に設置された[4]．さらに，2004年の児童福祉法

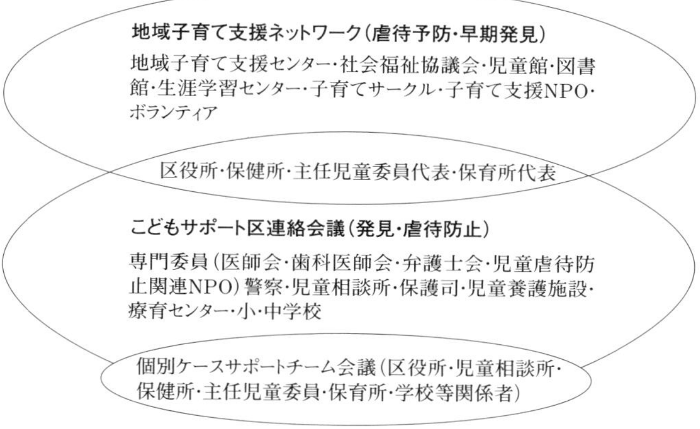

```
┌─────────────────────────────────────────────┐
│  地域子育て支援ネットワーク(虐待予防・早期発見)    │
│  地域子育て支援センター・社会福祉協議会・児童館・図書 │
│  館・生涯学習センター・子育てサークル・子育て支援NPO・│
│  ボランティア                                  │
│   ┌─────────────────────────────────────┐  │
│   │ 区役所・保健所・主任児童委員代表・保育所代表 │  │
│   │ こどもサポート区連絡会議(発見・虐待防止)    │  │
│   │ 専門委員(医師会・歯科医師会・弁護士会・児童虐待防│
│   │ 止関連NPO)警察・児童相談所・保護司・児童養護施設・│
│   │ 療育センター・小・中学校                   │  │
│   │   ┌─────────────────────────────┐    │  │
│   │   │個別ケースサポートチーム会議(区役所・児童相談所・│
│   │   │保健所・主任児童委員・保育所・学校等関係者)   │
│   │   └─────────────────────────────┘    │  │
└─────────────────────────────────────────────┘
```

図7-1　行政区を範域とした2つの子育て支援ネットワーク（名古屋市）

の改正を受け，要保護児童対策地域協議会としての役割を担うものとして位置づけ直された[5]．

上記のように，区役所の子ども家庭担当主査は，要保護児童対策地域協議会（「なごやこどもサポート区連絡会議」）の調整機関として，また，虐待の予防的支援・早期発見を含めた地域子育て支援ネットワークの構築担当として，それぞれのネットワークを強化するとともに，2つのネットワークの重なりの核となる立場にある．担当者が区役所のなかに位置付けられてから5年あまりが経過し，それぞれの行政区で，その地域に見合った形で定着化しつつある．会議の要綱や主査の職務としては明記されていないが，主査の立場は，コミュニティソーシャルワーク機能を遂行して，子育て困難家庭への予防的子育て支援を展開できる可能性を備えている．

5　子育て支援ネットワークの担い手

図7-1のように，各行政区の地域子育て支援ネットワークを構成する参加機関および担い手について調査したところ，区役所（民生子ども課），保健所，児童館，生涯学習センター，保育所，地域子育て支援センター，図書館，社会福祉協議会，主任児童委員，加えて，当該地域で活動している民間子育てサークルや子育て支援NPOなどであり，ほぼ共通している．一方，ネットワーク

の活動内容や活動密度には行政区による違いがみられる．まず，虐待の予防的支援という視点をもっている行政区ともっていない行政区が存在する．また，年に1-2回の会議開催で子育て支援の情報交換にとどまっている行政区があるのに対して，毎月会議を開催，情報交換のみにとどまらず，当該地域の子育て支援事業を共同実施する計画を立て，そのための綿密な話し合いがおこなわれている行政区がある．後者のような行政区では，会議や事業実施を通して，行政区内の主任児童委員，地域子育て支援センター職員および保健所保健師などの担い手同士の顔がつながり，確実にネットワーク効果をあげている．

　表7-1は，主な関係機関および担い手の子育て支援の内容やネットワークへの貢献などをまとめたものである．保健所保健師は，全家庭の新生児訪問をおこなっている．この活動効果により，3ヶ月・1歳半・3歳の各検診率は100％に近く，検診時に支援が必要な親子が高い確率で発見されている．第1子について全家庭を訪問する主任児童委員による赤ちゃん訪問は，地域の子育て情報を伝えることで，家に閉じこもっている親子を外へ誘う効果をもっている．また，主任児童委員が中心となって小学校区単位で開く子育てサロンは，無料・気軽・ベビーカーを押していける範囲での子育て交流会として，参加者の評価が高い．2歳前後の子育てが難しくなる時期に，在宅の母子に対しては行政による育児支援サービスが少ないなか，子育てサロンは育児不安を乗り越える有効な支援の場となっている．

　名古屋市では，主任児童委員および保健所保健師は各行政区の下位単位である小学校区担当となっている．虐待の懸念や予防的支援の必要な子育て家庭についての主任児童委員による地域からの情報提供は，区役所にとっては貴重である．また，保健師訪問へのフォローアップとして，保健所は主任児童委員による訪問を期待している．

　区役所の子ども家庭担当主査や保健所保健師は，小学校，さらなる下位単位である町内会を地域範囲とする子育て支援ネットワークがあれば，虐待の早期発見に役立つものと認識している．しかし，通常の業務に追われ，小学校や町内会を地域範囲としたネットワーク構築の支援にまで手が回らないのが現状である．保健所保健師と主任児童委員は子育てサロンの運営などを通じて面識はあるものの，小学校や町内会を地域範囲とした両者を含む子育て支援ネットワ

表7-1 2つの子育て支援ネットワークの主な関係機関と支援内容（名古屋市）

関係機関（担い手）	区役所（民生子ども課職員）	保健所（保健師）	（主任児童委員）	子育て支援センター・（保育士）	区社会福祉協議会	子育てサークル・子育て支援NPO
支援内容	相談窓口（常設），ネットワークでの研修	母子手帳配布・検診，新生児訪問，相談窓口（常設）	赤ちゃん訪問，子育てサロンの運営	相談窓口（常設），子育て交流会（毎日），園庭開放	子育て交流会（他の支援団体と共同参加）	当事者支援・各種の子育て支援サービス
行政区の地域子育て支援ネットワーク（大）	○事務局担当	○	○	○	○	○
小学校区の地域子育て支援ネットワーク（中）	—	○担当保健師が学区ごとに1名	○学区ごとに2名	○学区に保育所が存在	—	—
町内会の地域子育て支援ネットワーク（小）	—	—	○民生委員（児童委員）	—	—	—
子育てマップづくり	—	—	○	○	○	○
行政区のこどもサポートネットワーク（虐待防止）（大）	○事務局担当	○	○	○	○	○
虐待への対応姿勢	事後対応	事後対応	間接的な事前予防活動	間接的な事前予防活動	間接的な事前予防活動	間接的な事前予防活動

注：○はネットワークの構成員を示している．—は構成員とはなっていないことを示している．

ークは，ほとんどの地域でまだ構築されていない．

　一方，各行政区のなごやこどもサポート区連絡会議は区代表者会議，区実務者会議，小学校区単位での個別ケースのサポートチーム会議の三層構造となっている．区代表者会議を構成する参加機関・参加者は，弁護士会，医師会，歯科医師会と児童虐待関連NPOの専門委員に加え，警察，児童相談所の区担当，保健所，小中学校，主任児童委員代表および区役所（民生子ども課）などであ

り，いずれの行政区もほぼ同様である．代表者会議の開催は年1回にとどまるところが多く，そのため情報交換程度になっている．

実質的には区実務者会議とサポートチーム会議が請け負っている．区実務者会議は毎月開催される．区役所（民生子ども課），保健所と児童相談所の三者会議で，虐待ケースに絞って検討をしている．保健所が保持している未受診者や主任児童委員からの情報，児童相談所が保持している住民，医者や警察からの通報，民生子ども課が保持している保育所や主任児童委員からの通報を三者が持ち寄り，ケース検討をおこなう．そして，経過観察か，個別ケースのサポートチーム会議を実施するかを決めている．サポートチーム会議を構成する参加機関は，民生子ども課，保健所，児童相談所に加え，必要に応じて，小中学校，保育園，幼稚園，主任児童委員などとなっている．

6 「地域労働」との協働を引き出す行政・専門職の役割

子育て支援ネットワークの構築・運営における，行政区を地域範囲とした関係機関・福祉・保健・教育などの専門職の結びつき，また，行政とNPOや地域住民組織などとの連携，すなわち，本書での「公務労働」と「家事労働」「地域労働」「企業労働」との協働について考察をしておきたい．

ここでの子育て支援ネットワークとしては，前項で述べたように，行政区を地域範囲とする「大ネットワーク」は，発見・虐待防止を目的とする「こどもサポート区連絡会議」と虐待予防・早期発見を含む育児支援を目的とする「地域子育て支援ネットワーク」との2つが主なネットワークとして抽出された．これらのネットワークによる会議は定期的に開催されている．「タテ割りのままにとどまっているのではないか」との筆者の仮説に反して，福祉・保育・教育・保健など関係機関や専門職のヨコの情報交換や連携が進展していることが明らかとなった．

名古屋市では，2007（平成19）年度から2年間にわたって実施された区役所改革において，各区の実情にあわせた地域福祉活動の推進，子育て支援にかかわる情報収集・情報発信および関係機関との連携の推進，そして，地域での子育て支援の市民ニーズに迅速・的確に対応できるような保健所と福祉事務所の連携などが具体的な取組み事項として含まれたことも，行政区を地域範囲と

する子育て支援の関係機関・専門職のヨコの結びつきを後押ししたものと考えられる．

しかし，虐待の予防・発見・防止という点でみると，子育てネットワークとしての機能は不十分なままにとどまっている．専門職と行政を中心とした「こどもサポート区連絡会議」は，虐待ケースとして発見・位置づけられると，小学校の地域範囲で，小学校・警察・保育所・保健師・主任児童委員などで個別ケースのサポートチーム会議が開かれるのが実態である．すなわち，必要に応じて，一時的な中ネットワークが構築されている．大ネットワークの区代表者会議は年1回程度の開催である行政区が多く，地域に暮らす子育て困難家庭に事前対応することはネットワークの目的にはなっていない．虐待の予防的支援や早期発見という機能を果たせるシステムにはなっていないことが明らかとなった．

一方，子育てサークルや子育て支援 NPO も構成員となる「地域子育て支援ネットワーク」は，先述のように，会議が年に12回開催されている区から数回まで，行政区によって違いが大きい．区役所の子ども家庭支援担当主査にとって，子育て支援ネットワークの調整・構築において，関係機関・専門職とのヨコの結びつきとともに，子育てサークルや子育て支援 NPO との有機的な結びつきも必要である．子育てサークルや子育て支援 NPO による子育て情報の収集や子育てサロンの運営などの子育て支援資源は，地域の子育て支援ネットワークの魅力に結びつく．ただし，子育てサークルや子育て支援 NPO が供給する育児支援サービスは，当事者性が大切にされる点やサービス利用が有料の場合が多い点から，SOS を発することができない子育て家庭や外部からの育児支援を拒絶する家庭，また，サービスを購入するお金がない家庭の利用には結びつきにくい．

また，虐待の予防的支援や早期発見のための小学校を地域範囲とする中ネットワークや町内会を地域範囲とする小ネットワークは，行政セクターのみで構築・運営することは容易でない．そのうえ，地域の側からのネットワーク構築の動きはほとんどみられない．地域を基盤とした育児支援の核となる人として，主任児童委員が期待されがちであるが，多くの主任児童委員は虐待の早期発見・予防的支援まで担うのは荷が重いようである．

174　第Ⅲ部　ケア供給の担い手育成と協働

　たとえば，赤ちゃん訪問を先駆的に実施するなど，積極的な育児支援活動の姿勢が全国的にも評価されてきたＡ区の主任児童委員の場合でも，比較的元気な母親，子育てサロンに出てこられる母親を対象にしており，育児困難家庭への予防的支援は行政の役割という方針のもと，保健師との間で役割分担しているとのことである．赤ちゃん訪問で地域に暮らす子育て家庭に直接出向き，子育てサロンで親子と接している．そのように一番身近な子育て支援をしている主任児童委員であるが，その任務を虐待の予防的支援や早期発見まで拡げることは望んでいないことが把握された．

　上記の調査によって，不利な条件を抱え，虐待リスクが高い親子への直接的な事前予防活動のネットワークは不十分であることやネットワーク構築が困難な要因が把握できた．一方，当事者性の尊重や支援ネットワークの多様化という点において，主任児童委員，子育てサークルや子育て支援NPOによる「地域労働」の果たしている役割は大きい．行政と協働しながら，乳幼児を抱える母親の軽度な育児不安を乗り切るため，間接的な虐待予防の役割を果たしていることが確認できた．

第2節　地域コミュニティでの「高齢者ふれあいネットワーク」

1　高齢者とケア労働をめぐる多様性

　表7-2は，過去50年間での人口と世帯の推移が，日本全体の高齢者介護の需要量と供給量に対して，どのように相互規定しながら影響を及ぼしてきたのかを把握するために整理したものである．

　1950年代末に始まった，皆保険・皆年金という方向での日本での医療や年金の充実は，長寿化と高齢者の個人の尊厳が大切にされる社会をもたらすことに貢献した．平均寿命でみると，1960（昭和35）年から1985（昭和60）年までの25年間で男女それぞれに10歳前後の上昇をもたらし，引き続き2010（平成22）年までの25年間では世界一の長寿国となった．また，世帯形態という面でみると，子どもからの仕送りに依存しなくても暮らせるようになったことで，子ども自立後の時期を夫婦のみで過ごすという高齢夫婦世帯という暮らし方の新たな選択肢を高齢者に対して与えた．

表 7-2　日本における平均寿命の推移と世帯（家族）の変容

		50年前（1960年）	変容のポイント→	25年前（1985年）	変容のポイント→	現在（2010年）
人口	平均寿命（男・女）	65.32 / 70.19	男女ともに25年間で10歳の上昇	74.78 / 80.48	男女ともに世界一の水準達成	79.64 / 86.39
	高齢化率（％）	5.7	1970年に高齢化社会に突入	10.3	高齢社会から超高齢社会へと	23.1
	都市化率（％）	63.3	主に若年世代の都市移動による上昇	76.7	過疎化と市町村合併の影響で上昇	86.3

〈平均寿命の推移と年金・医療〉
1950年代末に国民皆年金・皆保険の開始
　→1970年前半に年金引き上げと老人医療無料化
　　→現在は年金財政や医療保険財政の悪化にともなう年金・医療の切り下げ

		50年前（1960年）	変容のポイント→	25年前（1985年）	変容のポイント→	現在（2010年）
世帯（家族）	世帯規模（人）	4.47	「世帯創設」と都市での核家族の増加	3.14	「世帯分離」と子ども数の減少	2.46
	高齢者のいる世帯（％）	2.7*1 高齢者世帯の6割は単独世帯	高齢者の子どもとの同居率は，1960年代の8割台から1980年代の6割台へ減少	25.3	高齢者のいる世帯の3世代世帯割合は，2000年代は4割台へと減少	42.6
	高齢者のみ世帯（％）			5.9		21.0
	高齢単独世帯数（万）（男性/女性）	48.0	高齢単独世帯が少しずつ増加	128.1*2（24.6/103.5）	高齢男性単独世帯の伸び率大きい	501.8（142.0/359.8）

〈世帯形態の変容と介護問題の出現〉
1960年代の高齢単独世帯数は現在の10分の1
　→1980年代頃から高齢期の新たなライフスタイルとしての高齢夫婦世帯が増加
　　→現在，高齢夫婦世帯や高齢単独世帯の介護問題，都市部と郡部での3世代世帯介護をめぐる課題の違いなどが顕在化
　　　都市部は未婚子・離婚子，また，郡部は既婚子（嫁）による介護

注：＊1は旧定義による1962年の数値。旧定義での高齢者世帯は，「男65歳以上，女60歳以上の者のみで構成するか，又はこれらに18歳未満の者が加わった世帯」である。現在は，「65歳以上の者のみで構成するか，又はこれに18歳未満の未婚の者が加わった世帯」である。＊2は1986年の数値。

このような変容を背景として，1980年代から1990年代にかけて，高齢期家族をめぐる研究においては，高齢者を含む3世代世帯の減少と夫婦世帯・単独世帯の増加といった世帯構造の変容を肯定的・前向きに受けとめる形で，「子ども家族に依存的な存在としての高齢者」という枠組みに代わって，「配偶者・きょうだい・子どもというあらゆる世代の家族と主体的・選択的に関係を結ぶ高齢者」という枠組みが優勢となった（後藤，1989）．年金を基盤とした経済的自立が進んだことに加え，介護保険制度が導入されることによって身体的自立も確保されるという期待が後者の枠組みを後押しすることになった．

後者の枠組み，すなわち，個としての高齢者という枠組みをさらに展開するものとして，主体としての高齢者が，家族に加えて親族・友人・近所の人などと取り結ぶ社会関係網やサポートネットワークに関する研究にも進展がみられた（藤崎，1998）．

しかし，グローバル化の進行につれ，所得の二極化が拡大していること，そして，低所得層においては家族を形成できないリスクが高まっていることなどが可視化されるとともに，個としての高齢者という枠組みには影の部分がともなうことにも関心が集まるようになった．21世紀に入ると，高齢期の生き方や家族をめぐる問題は複雑な様相をみせ，主体的・選択的に社会関係を結ぶ高齢者という枠組みのみでは，生起しつつある問題を把握できない実態も生じてきた．

「自助・互助・公助のバランス」[6]という新たな社会保障をめぐる理念のもとに，公的な年金・医療・福祉の水準は徐々に切り下げられ，高齢者の経済的自立や身体的自立の先行きを危うくしている（近藤，2005）．また，平均寿命が伸びるほどに認知症の発症率も高まり，人生末期にはだれでも主体的・選択的な判断能力が低下する可能性があるということも明らかとなった．したがって，個としての高齢者の財産権や福祉サービスの利用を擁護するため，「成年後見制度」[7]や「日常生活自立支援事業」[8]といったしくみも誕生した．

高齢者と子ども世代の間では新たな家族枠組みが必ずしも共有されないまま，世代間葛藤が生じる場合も見受けられる．そして，在宅介護の現場では，ケアマネージャー（介護支援専門員）などの専門職が，支援内容をめぐって高齢者と家族のどちらの声や人権を尊重するべきかと悩んでいる．そのようななか，

ひとり暮らし高齢者の自殺・ひきこもり，高齢親に対する子どもからの身体的虐待・年金収奪，認知症の親の介護を引き金とする子ども夫婦の離別などといった新しい問題がつぎつぎと顕在化している．

2 高齢者の社会的孤立と地域コミュニティ

　高齢者の社会的孤立の問題が浮上している．健康で経済的にもゆとりのあるアクティブ・エイジングな高齢者の増加がみられる一方，家庭の内にも外にも居場所やつながりのない高齢者の社会的孤立が明るみにされつつある（安達，2010）．40-50歳代男性の生涯未婚率が上昇するなか[9]，高齢者の予備軍である彼らは社会的孤立の予備軍ではないかとの懸念も高まっている（山田，2009）．内閣府による「高齢者の生活実態に関する調査（平成20年度）」（2009b）データによれば，高齢者の社会的孤立を説明するものとして，貧困と借家といった経済階層に関連した要因，男性といったジェンダーや病気といった身体に属する個人要因に加えて，一人暮らし，未婚者・離別者といった家族に関連した要因を抽出することができる．

　近代化・都市化にグローバル化という社会変動が加わり，家族・地域コミュニティという中間集団内の人間関係は希薄化してきた．このような血縁や地縁という伝統的・ゲマインシャフト的な絆の弱体化は，個人が近代的・ゲゼルシャフト的な新たな絆を創り出すことができない場合には，誰にも頼らず，救いを求めず，独りで亡くならざるをえないという帰結をもたらしている．2010（平成22）年1月31日にNHK総合テレビで放映されたスペシャルプログラム「無縁社会——"無縁死" 3万2千人の衝撃」は，高齢者の社会的孤立の拡大や市町村に保管される身元のわからない遺骨の増加という現実を取材することで，日本が絆を失った無縁社会になりつつあることの問題点を訴えた．

　また，平成22年（2010）版の『高齢社会白書』では，高齢者の社会的孤立について正面から取り扱い，多くの頁を用いて記述している[10]．そこでは，社会的孤立が高齢者個人の生きがいや尊厳にマイナスの影響をもたらしている点を指摘するとともに，それが増加をみせる孤立死，万引きなどの犯罪や訪問販売などの勧誘による消費契約トラブルといった今日の高齢者問題の素地になっているとして警鐘を鳴らした．

3 ネットワークの接合という課題

　高齢者の社会的孤立問題の浮上によって，近年，地域コミュニティを基盤として，人と人とのつながりによって，高齢者に対する見守りや支え合いを創り出す地域福祉実践が活発となっている．高齢者のふれあい・見守りネットワークの構築に取り組む市区町村や市区町村社会福祉協議会数は増加をみせている．しかし，構築されたネットワークが有効に機能するためには，身近で日常的な見守りの担い手となるボランティア・住民などのインフォーマルな力を引き出し，フォーマルおよびインフォーマルな重層するネットの，水平的・垂直的なつながりを維持運営するコミュニティソーシャルワークの技法の開発が不可欠となっている．

　第6章で分析したように，名古屋市民の場合，その9割は，「一人暮らしの高齢の方への見守り活動」など，住民相互の自主的な支え合い・助け合いの活動が必要と考えている．そして，このような考えは，名古屋市社会福祉協議会によって，すでに実践へと移行されている．

　図7-2の名古屋市社会福祉協議会の「ふれあいネットワーク活動」は，小学校区や町内会を地域範囲とするネットワークを通して，見守りが必要な人を，地域コミュニティで日常的に見守り，助け合い，必要な福祉サービスにつなげていくことをめざしている[11]．ここでは，小学校区を大ネット，町内会を中ネット，そして，近隣を小ネットとして設計されている．すなわち，ふれあいネットワークは，前節で記述した，区役所や保健所による「地域子育て支援ネットワーク」に比べ，より狭い地域範囲を基礎としている．

　地域子育て支援ネットワークにおいては，行政区を大ネット，小学校区を中ネット，町内会を小ネットとして三層になることをめざしているが，中ネット・小ネットがほとんど構築できていないことを指摘した．一方，高齢者の見守りを主な対象としたふれあいネットワークは，中ネットとしての町内会のネットワークづくりが進みつつある．しかし，ふれあいネットワークは，高齢者の見守りが中心で，地域子育て支援ネットワークとの関係については触れられていない．

　本書でのケア労働の概念化によれば，高齢者介護と育児は同じケア労働であると位置づけることができる．高齢者の見守りのためのネットワークと子育て

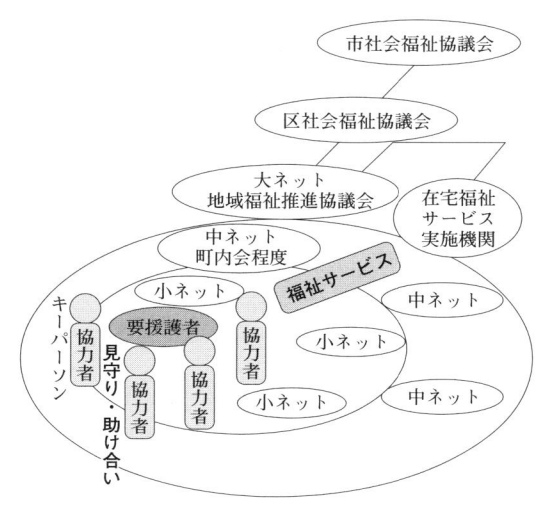

図7-2　名古屋市のふれあいネットワーク活動における小ネット・中ネット・大ネット
出所：名古屋市社会福祉協議会ホームページ．

支援のためのネットワークを重ねていくことは，地縁型「地域労働」の基盤の強化に結びつくものと考えられる．

第3節　「家事労働」と「地域労働」の協働の促進に向けて

1　「地域労働」の担い手となる場の提供

　NPO法人は，市民型「地域労働」の供給の担い手として，また，地域コミュニティ再生の担い手としても期待されている．介護系NPO法人は，介護保険制度のもとで，社会福祉法人・医療法人・企業法人などとともに在宅サービスを担う存在であるとともに，地域コミュニティを基盤として高齢期の新しいつながりを創り出すことへの期待も大きい．たとえば，地域コミュニティには，支えを必要とする高齢者を手助けしたいという元気な高齢者が潜在しているが，介護系NPO法人は，そのような手助けしたい高齢者の背中を後押ししたり，彼らに担い手としての活動継続の場を提供したり，また，高齢者同士を結びつ

けす役割を果たしている．

　介護系NPO法人の急増の背景には，1998（平成10）年の「特定非営利活動促進法（NPO法）」の施行，つづいて，2000（平成12）年開始の介護保険法のもとで，在宅サービス分野へのNPO法人の参入が認められたことが大きい．

　しかし，マクロレベルの法・制度の新規導入のみによって急増したわけではない．地域コミュニティを基盤として，住民相互の家事・介護の助け合いやつながりの活性化をめざした活動を蓄積していたこと，そして，家族という枠組みを超えて，地域での人びとのつながりを豊かにしたいとの強い思いを抱く女性たちの存在があったからである．

　1970年代末頃より首都圏や阪神地域を中心として，家事援助や介護サービスの受け手と担い手の双方を会員とし，受け手は低廉な金銭を支払い，担い手はそれと同等の金銭を受け取る有料・有償による，非営利の新しいタイプの活動が開始された．その後，こうした活動は一般に，住民参加型在宅福祉サービスと呼ばれるようになった．当初は福祉に対する自覚的な住民層のなかから自然発生的に生まれたが，1990年代に入ると，互助領域の再構築や地域福祉の叙述から実践へといった社会福祉の新しい流れに見合うものとして，そのしくみや経験を市区町村や市区町村社会福祉協議会がかなり意識的・政策的に事業化するようになり，全国各地へと拡大した（後藤，1997）．そして，21世紀になって本格的に制度化されてから，急増したのである．

　介護系NPO法人の団塊の世代（第1次ベビーブームといわれる1947-49年生まれの人びと）の女性代表者からの聞き取りによれば，「私たちの世代は，自宅で親を看取る最後の世代，子どもには看てもらえない最初の世代」という「サンドイッチ世代」としての思いがきっかけとなって活動を立ち上げた方が多い．また，担い手と受け手の関係構築にとって，信頼などの地域のソーシャル・キャピタルの豊かさは好影響をもたらすとのことである[12]．

2　家族の絆と地域の絆の質的差異

　NPO法人の実践からの気づきとしての「家族の絆と地域の絆の質的差異」という提起については，高齢期の新しいつながりを模索するうえで，その検証が避けて通れない課題として受けとめられている．

地域密着型の介護系 NPO 法人の場合でも，社会的孤立に陥っている人，また，家族関係が良好でない人にアプローチするのは難しいとのことである．また，「地域の人間関係は家族関係の代わりになるものではない」，すなわち，「介護サービスを媒介とした地域のつながりは，家族のつながりを支援・補完することはできても，代替することは難しい」という（山王丸，2010）．介護保険導入時に趣旨とされた「愛情は家族，介護はヘルパー」という考え方が，介護系 NPO 法人のヘルパーの間に浸透している結果なのか，それとも，提供サービスを利用する高齢者自らが，「家族以外の社会関係によるつながりは，家族のつながりとは質的に異なる」と受けとめているからなのか，いずれにしても，「地域労働」が「家事労働」と協働する際には，「地域労働」の担い手は，家族との同居・別居にかかわらず，受け手の抱えている家族の絆や家族情緒を理解し，大切にすることが求められている．

3　求められるコミュニティソーシャルワークの視点

高齢者に向けての「地域労働」は，孤立した高齢者の見守りや虚弱高齢者の手助けとしてはもちろんのこと，在宅の要介護高齢者とその家族介護者に対する支援という点からも期待されるようになっている（後藤，2011a）．

今日の在宅ケアの現場が直面している課題として，コミュニティケアに含まれるべきソーシャルワークの要素が，介護保険制度の推進によって，むしろ低下している点が指摘できる．居宅介護支援事業所のホームページの記載内容を調べたところ，多くの居宅介護支援事業所およびケアマネージャーの間では，コミュニティケアを「個人のニーズに対応した支援のために，地域内（時には，事業所が属する法人内）の在宅サービスを組み合わせること」といったケアマネジメントとほぼ同じ意味合いで使用している．

そこでは，従来のコミュニティケアが重視していた，要介護高齢者およびその家族介護者を支える地域をつくるため，住民との協働や住民の組織化をおこなうという，コミュニティオーガニゼーションやコミュニティソーシャルワークの視点が不足しているように見受けられる．そして，要支援・要介護高齢者やその家族介護者は，ケアマネージャーや在宅サービス事業者との一対一のつながりにとどまっている．介護保険サービスの利用によって，かえって地域か

ら孤立した状況に置き去りにされるという状況を発生させないよう回避しなければならない．

したがって，「地域労働」には，介護保険の利用者である高齢者と「家事労働」を担っているその家族を，地域コミュニティでの住民同士の助け合いや支え合いへと結びつけることが期待されている．

おわりに

本章では，「家事労働」と「地域労働」の協働を促進するうえでの課題を見いだすために，第6章において，「地域労働」や「家事労働」をめぐる市民の意識や実態を扱った名古屋市における，子育て支援ネットワークや高齢者の見守りネットワークなどの実践事例を踏まえて考察を加えた．さらに，介護保険制度のもとでの在宅ケアの現場が直面している課題を通して，「家事労働」と「地域労働」の協働を促進するための専門職の役割を展望した．

不利な条件を抱え，虐待リスクが高い親子への直接的な事前予防活動のネットワークは不十分であることが指摘されているが，ネットワークを構築することが困難である背景について把握できた．一方，育児期の親の当事者性の尊重，また，行政や専門職が主導する支援ネットワークの多様化という点において，主任児童委員，子育てサークルや子育て支援NPOによる地縁型および市民型の「地域労働」の果たしている役割は大きい．行政と協働しながら，乳幼児を抱える母親の育児不安を乗り切るための間接的な虐待予防の役割を果たしていることが確認できた．

地域子育て支援のネットワークにおいては，小学校区や町内会の地域範囲でのネットワーク構築ができていないことも指摘した．一方，社会福祉協議会によるふれあいネットワークについては，町内会のネットワークづくりが進みつつあり，さらに，狭い近隣でのネットワークづくりにも取り組んでいる．しかし，ふれあいネットワークは，高齢者の見守りが中心であり，地域子育て支援ネットワークとの関係についてはほとんど触れられていない．高齢者介護と育児は同じケア労働であることから，高齢者の見守りのためのネットワークと子育て支援のためのネットワークを重ねていくことは，「地域労働」の基盤の強

化に結びつくことを指摘した．

　さらに，「地域労働」には，「家事労働」との質的差異を受け止めながら支援する姿勢が大切であること，とくに，介護保険の利用者である高齢者とその家族を，地域コミュニティでの住民同士の助け合いや支え合いと結びつけることが期待されること，そのために，専門職によるコミュニティソーシャルワークの視点が重要であることについて述べた．

1) 筆者は，育児困難のリスクに直面しやすい家庭のことを「条件不利家族」として概念化している．それは，子育ち・子育てに関して社会的に不利な立場にある家族，具体的には，外国人・貧困・障がい・ひとり親・社会的孤立などの理由によって育児困難に陥りやすい家族，もしくは，大人から子どもへの暴力が発生しやすい家族のことをさす．このような家族における育児困難な状況を放置することは，次世代の育成に悪影響を及ぼす懸念があることから，「条件不利家族」は適切な社会的配慮が必要であることを喚起するための用語でもある．
2) 国立情報学研究所の文献検索サイト CiNii での 2011 年 12 月末時点での検索によれば，「母親を中心とした子育てネットワーク」や「専門職連携としての子育て支援ネットワーク」を対象とした研究については，ある程度の蓄積がみられるが，一定の地域範囲を基盤としたフォーマルとインフォーマルの連携による子育て支援ネットワークを研究対象とした学術的研究は少ない．
3) 名古屋市調査は，科学研究費・基盤 C（21530571）『「条件不利家族」を対象とした子育て支援ネットワークの類型化と評価指標の開発』（研究代表者：後藤澄江）の援助を受け，2010（平成 22）年 3-4 月におこなったものである．現地調査は，原田明美氏（名古屋短期大学）の協力を受けて実施した．また，調査結果については，第 8 回福祉社会学会大会（2010 年 5 月開催）において，「都市部における子育て困難家庭の発見と支援——名古屋市での子育て支援ネットワークの調査から」というテーマで報告した（後藤・原田，2010）．
4) 全市レベルには，「なごやこどもサポート連絡協議会」が設置・運営されている．その前身組織による活動として，民間の虐待防止ネットワークである CAPNA（子どもの虐待防止ネットワーク・あいち）のアドボカシー活動があった．CAPNA は児童養護施設長や弁護士によって 1995 年に設立され，現在も，電話相談，危機介入，調査研究，社会啓発，援助・予防を 5 本柱として活動している NPO 法人である．また，「なごやこどもサポート連絡協議会」を構成する機関となっている．
5) ハイリスクと認定された親子を対象とした虐待防止ネットワークの行政に

よる制度化は21世紀に入って進展したが，ネットワークの前身組織や構成する関係機関の違い，ケース終結の基準の有無など，要保護児童対策地域協議会の制度化のあり方は市町村によって多様である（加藤，2008；厚生労働省，2009）．
6) 「自助・互助・公助の役割分担」「自助・互助・公助のバランス」という叙述は，1986年版の『厚生白書』で使われ，1990年代半ばに，社会保障ビジョンとして採用された．健全な社会とは，個人の自立・自助が基本で，それを支える家庭，地域社会があり，さらに公的部門が個人の自立・自助や家族，地域社会の互助機能を支援する三重構造の社会であり，各機能の適切な役割分担とバランスが大切という原則である．
7) 成年後見制度は民法に規定され，認知症高齢者など判断能力が不十分な成人者を対象として，自己決定権の尊重と保護との調和をめざすための制度である．
8) 日常生活自立支援事業は社会福祉法上に位置づけられ，認知症高齢者など判断能力が不十分な方が地域において自立した生活が送れるよう，契約にもとづき福祉サービスの利用援助などをおこなうものである．
9) 生涯未婚率とは，「45-49歳」と「50-54歳」未婚率の平均値から，「50歳時」の未婚率を算出したものである．男性の生涯未婚率は1995-2005年の10年間で2倍近くと上昇した．
10) 『高齢社会白書』は，高齢社会対策基本法にもとづき，1996（平成8）年から毎年政府が国会に提出している．『2010（平成22年）版　高齢社会白書』は2010年5月14日の閣議で決定された後，内閣府のホームページに公表された．
11) 名古屋市社会福祉協議会ホームページの「ふれあいネットワーク活動」の項を参照．
12) 愛知県知多地域の高齢者NPOの代表者へのヒアリング調査によるものである．

あとがき

　本書でのキーワードとなるケア労働という用語については，研究分野や実践分野によってその定義は多様であるが，筆者の場合，家族外での家族員以外によって担われる高齢者介護や育児といったケア労働は，もともと「家事労働」から派生したものであるという立場を採用している．また，ケア労働に筆者が概念化した生命再生産労働の意味を込めている．さらに，本書では，ケア労働（生命再生産労働）の統一的な分析枠組みを提示して，それに沿って，供給領域間での配分と協働の実態を調査・把握することで，それらをめぐる政策課題を見いだした．

　以下は，各章において明らかにされた，ケア労働の配分と協働をめぐる課題や政策の方向性として示唆された点について，整理しておきたい．

　第1章では，分析枠組みの導出プロセスにおいて，ケア労働（生命再生産労働）の4つの下位概念の過去四半世紀における変化が明らかにされた．まず，「家事労働」は生命再生産労働を単独で遂行する側面を弱め，家族外の「公務労働」「企業労働」「地域労働」と連関して遂行する側面を強めたこと，また，「地域労働」は地縁型に加えて市民型が新しい形態として台頭した後，地縁型と市民型の接合が期待されるようになっていること，さらに，家族外へと移行した「公務労働」や「企業労働」といった生命再生産労働には，専門性・効率性などのそれぞれの領域の論理が付与されていることなどが明らかになった．

　第2章では，かつては，家族における情緒機能は生命再生産機能のなかに埋め込まれていたが，「家事労働」が家族外の生命再生産労働と連関を強め，それらに制約される側面を強めるとともに，家族の生命再生産機能から情緒機能が分離されたこと，いまでは，生命再生産機能より情緒機能のほうが家族の重要な機能として意識されるようになっていること，また，意識としては，家族の個人化は結婚の個人化に比べると進んでいないこと，などが明らかとなった．これらのことから，「家事労働」以外のケア労働が「家事労働」と協働する際には，個々の家族情緒を大切にすることが求められていることが示唆された．

そして，家族員それぞれが，家族には情緒機能のみではなく，生命再生産機能が残されていることを再認識することの必要性も浮上した．

第3章では，1980年代における英国のコミュニティケア政策を事例として，当該政策と「家事労働」との関連を分析したことで，特定の政策の方向性がケア労働の配分と協働のあり方に影響を与えることが確認された．また，近年の英国の「介護者支援」をめぐる政策や戦略もこの脈絡で理解することができた．

第4章では，英国では，コミュニティケア政策が今日まで進行するなか，地域住民組織・ボランタリー団体を媒介として，対人サービス供給への全住民の関与を強める方策を試みてきたことが明らかとなった．英国福祉多元主義の分析枠組みでは，地縁型「地域労働」の視点，さらには，地縁型「地域労働」と市民型「地域労働」による協働の視点が抜け落ちていたが，本書の分析枠組みを用いることで，英国における，「パリッシュ」などの地縁型「地域労働」とボランタリー団体などの市民型「地域労働」についての共通点と相違点も記述することができた．

今日の英国の社会政策分野では，「コミュニタリズム対ボランタリズム」の議論が再燃しているが，本章で分析しているような1980年代末以降の動きを踏まえることが不可欠であると考えられる．

第5章では，家族・地域コミュニティなどのインフォーマル領域でのケア供給をフォーマルな政策によって支援するという方針の打ち出しにおいて，英国に比べ，日本や韓国はともに消極的であることが明らかとなった．しかし，日本と韓国を比べてみると，21世紀に入ってから，韓国は急速にインフォーマル領域でのケア供給を支援する政策の展開がみられ，インフォーマルケアの支援政策における日韓の立場の逆転が起こっていることが把握された．韓国では，都市部では「企業労働」が急速に拡大する一方，農村部ではケア労働の供給のため「結婚移民」の積極的な受け入れによって，「家事労働」の再構築を進める動きが見られる．

第6章では，分析対象とした名古屋市において，近隣関係が希薄化しているにもかかわらず，高齢者の見守りなどの地域での支え合い活動や地域の育児支援活動については，ジェンダーや世代の違いを超えて，9割の市民がその必要性を支持する結果が示された．したがって，「地域労働」への期待が高いこと

が明らかとなった．しかし，誰が地域の支え合い活動や育児支援活動の担い手になるのかという課題は，十分に議論されないままに残されている．また，ケア労働の社会的・経済的評価をめぐって，世代とジェンダーの差異がみられることから，担い手の育成において，その労働への適切な評価をめぐる課題があることも確認された．

第7章では，子どもの虐待防止と高齢者の見守りという今日的課題を対象として，行政・専門職・地域住民組織・NPOなどによって構成されるネットワークを取り上げて分析した結果，重層する地域範囲別のネットワークを連結することなどの課題が明らかにされた．

また，構築されたネットワークが有効に機能するためには，身近で日常的な見守りの担い手となるボランティア・住民などのインフォーマルな力を引き出し，フォーマルおよびインフォーマルな重層するネットワークの，水平的・垂直的なつながりを維持運営するコミュニティソーシャルワークの技法の開発が不可欠となっていることが確認された．

＊　　　　　　　　　　　　　　　＊

英国福祉多元主義など既存の枠組みでは対象から抜け落ちてしまう地域コミュニティの領域も含めて，ケア労働の供給領域間での配分と協働をめぐるダイナミズムを明らかにすることができた．また，導出したケア労働の分析枠組みは，筆者自身にとっては，実態分析，課題把握や政策の方向性への示唆を見いだすうえで有効であった．

しかし，マトリックス表という形式での分析枠組みの汎用性についての検証はできていない．また，ケア労働をめぐる家族と地域コミュニティの相互規定や相互補完の実態について，家族論や地域社会論と関連づけて分析できていない点，加えて，地縁型「地域労働」が維持されている日本の農村部での事例調査や「企業労働」が優位に立つ米国での事例調査を組み込み，分析枠組みの有効性に説得力を持たせたいと考えていたが，それらの過去の調査結果を本書に活かすことができなかった点などは，残された課題である．今後，このような点については，研究を継続することでお許しを願いたい．

あとがき

　　　　　　　　＊　　　　　　　　　　　　　　　　　　　　＊

　なお，本書の各章は，序章を除いては，既存の著書・論文や調査報告書のいくつかを基礎としている．ただし，ケア労働の配分と協働を把握する分析枠組みの提示という本書の目的に沿って再構成したため，既存のものをそのまま掲載しているのでなく，大幅に，加筆・修正・組み替えをおこなっている．また，実態分析のデータや政策の記述などについては，必要に応じて，最新のデータや政策に更新している．

　以下に各章の基礎となった既存の論文や調査報告書を，巻末の参考文献目録の年号・記号によって示しておくことにする．

　第1章　　　1990a，1990b
　第2章　　　1989，1993，1996a，1997
　第3章　　　1992，1996b，1997
　第4章　　　2000，2003
　第5章　　　2006，2011b
　第6章　　　1996c，2011c
　第7章　　　2010，2011a

　　　　　　　　＊　　　　　　　　　　　　　　　　　　　　＊

　上記の初出一覧でも明らかなように，筆者のケア労働研究は，30年近く前に着手した家事労働研究から出発している．したがって，本書は，1990年代初頭に導出した分析枠組みを一部修正するとともに，日本の内外で過去20年ほどの間に取り組んだ研究調査結果を重ね合わせて執筆したものである．また，本書は，博士学位（社会福祉学）の請求論文に改訂を加えたものである．

　この間，多くの方々からご指導やご鞭撻をいただいてきた．とくに，名古屋大学大学院時代の指導教官である北川隆吉先生には，不肖の弟子である私が人並みの研究者になれるようにと大きな励ましをいただいてきた．また，日本福祉大学の二木立先生，野口定久先生，近藤克則先生，そして，東京大学の武川正吾先生には，厚くお礼を申し上げたい．論文博士の審査にあたって諸先生からいただいた適確なご指摘とご助言は，本書を完成させるうえでの貴重な示唆

となった.諸先生にいただいた学恩に深く感謝申し上げたい.

　勤務する日本福祉大学では,昨年度に特別研究年を取らせていただいた.そのおかげで,研究に専念できる時間を持つことができ,本書の出版にたどり着くことができた.また,本書の出版にあたっては,日本福祉大学出版助成金の供出を承認していただいた.このようなさまざまな配慮をいただいたことについて,大学の教職員の皆様に改めて感謝したいと思う.

　本書が完成するまで多大なご助力をいただいた東京大学出版会の宗司光治氏と依田浩司氏には厚くお礼申し上げたい.

　最後にこの場を借り,ケア研究を深めようとするほどに,妻や母としてのケア労働が疎かになる私を30年近くにわたって許し,いつも支えてくれた夫と娘に対しても感謝を述べ,この本を家族に捧げたいと思う.

　　煌めきのオリオン眺める1月に

後 藤 澄 江

文　献

Abram, P. and M. Bulmer, 1986, *Neighbours: The Work of Philip Abrams*, Cambridge: Cambridge University Press.

安達正嗣，2010，「高齢期家族研究のパースペクティヴ再考」『家族社会学研究』22(1)：12-22.

Arendt, H., 1958, *The Human Condition*（志水速雄訳，1973，『人間の条件』中央公論社).

有吉佐和子，1972,『恍惚の人』新潮社.

Audit Commission, 1986, *Making a Reality of Community Care*, London: Policy Studies Institute.

Ball, R. and J. Stobart, 1996, "Community Identity and the Local Government Review," *Local Government Studies*, 22 (1): 113-126.

Beck, U., 1986, *Risikogesellschaft: Auf dem Weg in eine andere Moderne*, Suhrkamp Verlag（東 廉・伊藤美登里訳，1998，『危険社会——新しい近代への道』法政大学出版局).

Bell, D., 1976, *The Cultural Contradictions of Capitalism*, Basic Books（林雄二郎訳，1976-1977,『資本主義の文化的矛盾（上・中・下)』講談社学術文庫).

Blood, R. and D. Wolfe, 1960, *Husbands and Wives: The Dynamics of Married Living*, IL.: The Free Press.

Braverman, H., 1974, *Labor and Monopoly, Capital*, Monthly Review Press（富沢賢司訳，1978,『労働と独占資本』岩波書店).

Brenton, M., 1985, *The Voluntary Sector in British Social Services*, Essex: Longman.

Bulmer, M., 1987, *The Social Basis of Community Care*, London: Allen & Unwin.

趙慶済，2005，「2005年2月3日戸主制憲法不合致決定について」『立命館法学』302：36-85.

第27次地方制度調査会，2003,「今後の地方制度のあり方に関する答申」.

Deakin, N. and M. Wicks, 1988, *Families and the State*, London: Families Policy Study Centre.

Department for Communities and Local Government (DCLG), 2006a, "The Quality Parish and Town Council Scheme – The Quality Scheme Explained".

Department for Communities and Local Government (DCLG), 2006b, "Strong and Prosperous Communities" (*The Local Government White Paper*).

Department for Communities and Local Government (DCLG), 2008, "Communities in control: Real people, real power" (*The Local Government White Paper*).

Department of Environment (DE), 1991, "The Structure of Local Government: A Consultation Paper".

Department of Health (DH), 1989, *Caring for People*, London: HMSO.

Department of Health (DH), 1999, Caring about carers: a national strategy for carers.
http://www.dh.gov.uk/prod_consum_dh/groups/dh_digitalassets/@dh/@en/documents/digitalasset/dh_4049323.pdf (2011.12.31).

Department of Health (DH), 2008, Carers at the heart of 21st century families and communities: a caring system on your side, a life of your own.
http://www.dh.gov.uk/prod_consum_dh/groups/dh_digitalassets/@dh/@en/documents/digitalasset/dh_085338.pd (2011.12.31).

Department of Health (DH), 2010, Recognised, valued and supported: next steps for the Carers Strategy.
http://www.dh.gov.uk/prod_consum_dh/groups/dh_digitalassets/@dh/@en/documents/digitalasset/dh_122393.pdf (2011.12.31).

Department of Health and Social Security (DHSS), 1981, *Growing Older*, London: HMSO.

Ellwood, S. M. and S. M. Nutley, 1992, "The Financial Activities of Parish and Town Councils in England," *Public Money & Management*, 12 (2): 21-27.

Esping-Andersen, G., 1999, *Social Foundations of Postindustrial Economics*, Oxford University Press（渡辺雅男・渡辺景子訳，2000，『ポスト工業経済の社会的基礎――市場・福祉国家・家族の政治経済学』桜井書店）.

Finch, J., 1989, *Family Obligations and Social Change*, Cambridge: Polity Press.

Finch, J., 1990, "The Politics of Community Care in Britain", in C. Ungerson eds., *Gender and Care*, Hertfordshire: Harvester Wheatsheaf.

Finch, J., 1991, "Women, Families and Welfare in the UK", *Paper Presented to the Conference Efficiency and Justice in Social Welfare: Anglo-German Perspectives*, Nottingham.

Friedan, B., 1963, *Feminine Mystique*, W.W. Norton and Co.（三浦冨美子訳，1965，『新しい女性の創造』大和書房）.

Fromm, E., 1955, *The Sane Society*, Reinhert（加藤正明・佐瀬隆夫訳，1958，『正気の社会』社会思想社）.

藤崎宏子，1998，『高齢者・家族・社会的ネットワーク』培風館．

古川孝順，1998，『社会福祉基礎構造改革――その課題と展望』誠信書房．

Goode, W. J., 1963, *World Revolution and Family Patterns*, New York: Polity

Press.
後藤澄江，1989，「高齢化社会の家族展望——家族の生命再生産機能と情緒機能の見地から」『名古屋大学社会学論集』10：1-27．
後藤澄江，1990a，「家事労働理論の統合への一試案——生命再生産労働の一特殊形態としての家事労働」『ソシオロジ』34(3)：21-38．
後藤澄江，1990b，「『生命再生産労働』と女性——『後期資本主義社会』におけるフェミニズム理論の模索」『名古屋大学社会学論集』11：227-244．
後藤澄江，1992，「家事労働と社会政策——サッチャー政権下のコミュニティ・ケアのあゆみから」北川隆吉編『時代の比較社会学』青木書店，pp. 33-48．
後藤澄江，1993，「日本の家族と高齢化——『家族の個人化』と『家族の社会化』のはざまで」宮本益治編著『高齢化と家族の社会学』(21世紀の社会学シリーズ5) 文化書房博文社，pp. 55-92．
後藤澄江，1996a，「子どもの社会化と現代家族」『地域と臨床』5：1-9．
後藤澄江，1996b，「豊かな福祉社会をどう創るか——女性・地域をキーワードとして」『日本福祉大学社会科学研究所年報』9：22-36．
後藤澄江，1996c，『地域社会を舞台とした福祉マンパワー組織づくりと女性労働の展望（平成6・7年度科学研究費補助金研究成果報告書）』．
後藤澄江，1997，『現代家族と福祉』有信堂高文社．
後藤澄江，2000，「イギリス」中田実編『世界の住民組織——アジアと欧米の国際比較』自治体研究社，pp. 163-180．
Goto Sumie, 2003, "Community-Based Organizations in England," M. Nakata, ed., *Building Local Democracy: A Sociological Study of Community-Based Organization among Eleven Countries*, Tokyo: Jititai Kenkyu-sha, pp. 173-186.
後藤澄江，2006，「家族変容の諸相と『ケア』の再構築をめぐる論理」野口定久編『福祉国家の形成・再編と社会福祉政策』中央法規出版，pp. 141-152．
後藤澄江，2010，「社会的孤立に着目した高齢期家族研究の課題」『家族社会学研究』22(1)：48-51．
後藤澄江，2011a，「変貌する日本の家族とコミュニティケア政策」『日本福祉大学・延世大学第6回日韓定期シンポジウム　日本と韓国の医療・福祉政策研究の最新動向報告集』pp. 65-69．
後藤澄江，2011b，「韓国・日本の家族・地域コミュニティ——グローバル化のなかでの変容と政策的対応」後藤澄江・小松理佐子・野口定久編『家族・コミュニティの変貌と福祉社会の開発』中央法規出版，pp. 15-34．
後藤澄江，2011c，「地域における意識と実態」名古屋市『第7回男女平等参画基礎調査報告書』pp. 64-85．
後藤澄江・原田明美，2010，「都市部における子育て困難家庭の発見と支援——名古屋市での子育て支援ネットワークの調査から」『第8回福祉社会学会大会予稿

集』.

後藤澄江・田渕六郎編著,2002,『グローバリゼーションと家族・コミュニティ』文化書房博文社.

Graham, H., 1991, "The Concept of Caring in Feminist Research: The Case of Domestic Service", *Sociology*, 25 (11): 61-78.

Griffiths, R., 1988, *Community Care: Agenda for Action*, London: HMSO.

橋本嘉一,1996-1997,「イングランドの地方団体再編」『地方自治』584・586・588・590・592.

Hatch, S. and I. Mocroft, 1983, *Components of Welfare*, London: Bedford Square Press.

服部民夫,1999,「韓国の家族」清水由文・菰渕緑編『変容する世界の家族』ナカニシヤ出版.

服部民夫・金文朝編著,2005,『韓国社会と日本社会の変容——市民・市民運動・環境』(日韓共同研究叢書10) 慶應義塾大学出版会.

Henwood, M., 1990, *Community Care and Elderly People Policy, Practice and Research Review*, Family Policy Studies Centre.

Hochschild, A. R., 1983, *The Managed Heart: Commercialization of Human Feeling*, University of California Press (石川准・室伏亜希訳,2000,『管理される心——感情が商品になるとき』世界思想社).

Hochschild, A. R., 1989, *The Second Shift: Working Parents and the Revolution at Home,* Viking Penguin (田中和子訳,1990,『セカンド・シフト』朝日新聞社).

細内信孝,2010,『新版 コミュニティ・ビジネス』学芸出版社.

今村仁司,1988,『仕事』弘文堂.

伊藤亜人・韓敬九編著,2002,『韓日社会組織の比較』(日韓共同研究叢書5) 慶應義塾大学出版会.

伊藤セツ,1997,「無報酬労働の概念——家庭経営学からの発信」『家庭経営学研究』32:3-10.

岩間大和子,2003,「家族介護者の政策上の位置づけと公的支援——日英における政策の展開及び国際比較の視点」『レファレンス』1月号:5-48.

自治総合センター,1990,『英国地方行政事情』(外国地方行政事情シリーズ10).

自治体国際化協会,2003a,「韓国」『コミュニティと行政——住民参加の視点から』,pp. 39-49.

自治体国際化協会,2003b,『韓国の地方自治』.

自治体国際化協会,2011,『英国の地方自治 (概要版) —— 2011年改訂版』.

自治体国際化協会ロンドン事務所,2011,「マンスリートピック (2011年6月号)」http://www.jlgc.org.uk/jp/information/monthly/mtopic201106.pdf (2011.12.31).

Johnson, N., 1987, *Welfare State in Transition: The Theory and Practice of*

Welfare Pluralism, Harvester Wheatsheaf（青木郁夫・山本隆訳，1993，『福祉国家のゆくえ——福祉多元主義の諸問題』法律文化社）.
Johnson, N., 1990, *Reconstructing the Welfare State*, Hertfordshire: Harvester Wheatsheaf.
加藤曜子，2008，「要保護児童対策地域協議会への移行期における課題」『流通科学大学論集』20：63-77.
経済企画庁，1998，「1996 年の無償労働の貨幣評価」経済企画庁経済研究所国民経済計算部.
菊池いづみ，2010，『家族介護への現金支払い——高齢者介護政策の転換をめぐって』公職研.
金科哲，2003，『過疎政策と住民組織——日韓を比較して』古今書院.
金相瑢，2004，「韓国における戸主制度廃止に関する論議（上）」『戸籍時報』570.
木本喜美子，2000，「労働とジェンダー」『大原社会問題研究所雑誌』500：2-16.
小原隆治・趙文富編著，2005，『日韓の地方自治と地域開発』（成蹊大学アジア太平洋研究センター叢書）第一書林.
小林孝行，2000，「韓国家族の変容と家族政策」『文化共生学研究（岡山大学）』4：69-88.
小林孝行編，2000，『変貌する現代韓国社会』世界思想社.
国立社会保障・人口問題研究所，2003，『わが国夫婦の結婚過程と出生力——第 12 回出生動向基本調査』厚生統計協会.
国立社会保障・人口問題研究所，2005，『第 13 回出生動向基本調査』.
国立社会保障・人口問題研究所，2011，『人口統計資料集』.
近藤克則，2005，『健康格差社会——何が心と健康を蝕むか』医学書院.
Korea Women's Associations United, 2005, *Women's Voice from Korea*, 8.
厚生労働省，2008，『今後の仕事と家庭の両立支援に関する調査結果』.
厚生労働省，2009，「市町村の児童家庭相談業務の状況及び要保護児童対策地域協議会（子どもを守る地域ネットワーク）の設置状況等について」.
厚生労働省，2010，『介護サービス施設・事業所調査（平成 21 年）』.
厚生労働省，2011a，『平成 22 年国民生活基礎調査の概況』.
厚生労働省，2011b，『平成 23 年度厚生労働白書』.
厚生労働省雇用均等・児童家庭局，2010，『「平成 21 年度雇用均等基本調査」結果概要』.
久保田裕之，2009，「『家族の多様化』論再考——家族概念の分節化を通じて」『家族社会学研究』21(1)：78-90.
牧田実，2002，「グローバリゼーションと地域社会——コミュニティとまちづくりを中心に」後藤澄江・田渕六郎編著『グローバリゼーションと家族・コミュニティ』文化書房博文社, pp. 139-167.

松田博雄・山本真実・熊井利廣編・地域子ども家庭支援研究会著，2003，『三鷹市の子ども家庭支援ネットワーク——地域における子育て支援の取り組み』ミネルヴァ書房．

目黒依子，1987，『個人化する家族』勁草書房．

Michael Hill，所道彦訳，2006，「社会的ケアの領域における福祉ミックス——国際比較の視点から」『福祉社会研究』3：5-22．

三富紀敬，2008，『イギリスのコミュニティケアと介護者——介護者支援の国際的展開』ミネルヴァ書房．

三橋美和・桝本妙子・福本恵，2008，「民生委員・児童委員の子育て支援活動に関する実態調査」『京府医大看護紀要』17：101-110．

望月嵩，2001，「『個人化』がかかえる問題」『家族社会学研究』12（2）：165-166．

森謙二，2008，「家族と市民社会——家族の位置づけと家族の再定義に向けて」『学術の動向—— SCJ フォーラム』12月号：74-77．

森岡清美編，1967，『家族社会学』有斐閣．

名古屋市，2011，『第7回男女平等参画基礎調査報告書』．

内閣府，2009a，『男女共同参画に関する世論調査（平成21年10月調査）』．

内閣府，2009b，『高齢者の生活実態に関する調査（平成20年度）』．

内閣府，2010，『少年非行に関する世論調査』．

内閣府大臣官房政府広報室，2010，『国民生活に関する世論調査（平成22年6月）』．

中川淳，2003，「日本家族法の歩んだ道——敗戦後の立法を中心に」『立命館法学』292：226-241．

中田実，1997，「住民自治組織の国際比較研究序説」『情報文化研究』5：157-171．

中田実，2007，『地域分権時代の町内会・自治会』自治体研究社．

中田実編，1998，『住民自治組織の比較研究——資料集』比較住民組織研究会．

中田実編，2000，『世界の住民組織——アジアと欧米の国際比較』自治体研究社．

成瀬龍夫，1989，「都市行財政の公共性と効率性」『都市問題』80（12）：3-12．

National Council of Social Services（NCSS），1974,"Creative Living: The Work and Purposes of a Community Association".

仁平典宏，2005，「ボランティア活動とネオリベラリズムの共振問題を再考する」『社会学評論』56（2）：485-499．

日本都市センター，2002，『コミュニティ・近隣政府と自治体計画——その軌跡と展望』．

二木立，2007，『介護保険制度の総合的研究』勁草書房．

野口定久編，2006，『福祉国家の形成・再編と社会福祉政策』中央法規．

魯富子，1998，「韓国」中田実編『住民自治組織の比較研究——資料集』比較住民組織研究会，pp. 55-71．

魯富子，2000，「韓国」中田実編『世界の住民組織——アジアと欧米の国際比較』

自治体研究社, pp. 59-87.
Nottingham County Council's Social Services Department, 1994, "Changing Nottingham: Ten Years of Community Support Team".
Oakley, A., 1974, *Housewife*, London: Allen Lane（岡島茅花訳, 1986,『主婦の誕生』三省堂).
Ogburn, F. W., 1933, *The Family and its Functions: in Recent Social Trends*.
大熊信行, 1974,『生命再生産の理論（上)』東洋経済新報社.
大蔵省財政金融研究所研究部編, 1986,『ソフト化社会の家庭・文化・教育』（ソフトノミックス・シリーズ 7) 大蔵省印刷局.
大山博・炭谷茂・武川正吾・平岡公一編, 2000,『福祉国家への視座——揺らぎから再構築へ』(MINERVA 福祉ライブラリー 35) ミネルヴァ書房.
Parker, G., 1985, *With Due Care and Attention: A Review of Research on Informal Care*, London: Policy Studies Institute.
Parsons, T. and R. Bales, 1955, *Family, Socialization and the Interaction Process*, The Free Press (橋爪貞雄ほか訳, 1981,『家族』黎明書房).
Parsons, T. and R. Bales, 1956, *Family, Socialization and Interaction Process*, London: Routledge and Kegan Paul (橋爪貞雄ほか訳, 1971-1979,『核家族と子どもの社会化』黎明書房).
Pascal, G., 1986, *Social Policy: A Feminist Analysis*, London: Tavistock Publications.
山王丸由紀子, 2010,「介護をめぐる高齢者と家族——地域福祉実践を通じて」『家族社会学研究』22(1)：23-29.
佐藤慶幸編著, 1988,『女性たちの生活ネットワーク——生活クラブに集う人々』文眞堂.
佐藤慶幸, 2007,『アソシエーティブ・デモクラシー——自立と連帯の統合へ』有斐閣.
里見賢司, 1989,「社会福祉の公共性と効率性」『都市問題』80 (12)：23-35.
白井京, 2005,「韓国の女性関連法制——男女平等に向けて」『外国の立法』226：103-132.
総務省, 2006,『平成 18 年社会生活基本調査』.
総務省, 2010,『国勢調査』.
総務省統計局, 2007,『平成 19 年就業構造基本調査　結果の概要』.
総務省統計局, 2011,『家計簿からみたファミリーライフ』.
Stevenson, O., 1989, *Age and Vulnerability: A Guide to Better Care*, London: Edward Arnold.
Stevenson, O., 1991, "Old People and Community Care in Contemporary Britain", *Paper Presented to the Conference Efficiency and Justice in Social Welfare:*

Anglo-German Perspectives, Nottingham.
鈴木栄太郎，1940，『日本農村社会学原理』（『鈴木栄太郎著作集Ⅰ』未來社，1968）．
高橋正立，1988，『生活世界の再生産——経済本質論序説』ミネルヴァ書房．
武川正吾，2006a，「福祉資本主義の3つの世界——福祉国家形成要因としての国際環境」野口定久編『福祉国家の形成・再編と社会福祉政策』中央法規出版，pp. 187-237．
武川正吾，2006b，『地域福祉の主流化——福祉国家と市民社会Ⅲ』法律文化社．
武川正吾，2007，『連帯と承認——グローバル化と個人化のなかの福祉国家』東京大学出版会．
Talbot, J. and S. Humble, 1977, "Neighbourhood Councils Defined," *Local Government Studies* : 37-50.
田中滋，2010，「社会保障の役割と国民負担率」宮島洋・西村周三・京極髙宣編『財政と所得保障』（社会保障と経済2）東京大学出版会，pp. 121-143．
Tönnies, F., 1887, *Gemeinschaft und Gesellschaft*, Leipzig: Fues（杉之原寿一訳，1957，『ゲマインシャフトとゲゼルシャフト（上・下）』岩波文庫）．
鳥越皓之，1994，『地域自治会の研究』ミネルヴァ書房．
利谷信義，2005，「〔講演〕近代日本における家族論争」『家族＜社会と法＞』21：1-19．
陶山具史，1990，「英国のローカルカウンシル等について」『地方自治』508・513・515．
上田敏，1983，『リハビリテーションを考える——障害者の全人間的復権』青木書店．
上野千鶴子，1990，『家父長制と資本制——マルクス主義フェミニズムの地平』岩波書店．
Ungerson, C., ed., 1990, *Gender and Caring*, Hertfordshire: Harvester Wheatsheaf.
唄孝一，1992，『戦後改革と家族法』（家族法著作選集1）日本評論社．
Wolfenden Report., 1978, *The Future of Voluntary Organisations*, London: Croom Helm.
山田鋭夫，1993，『レギュラシオン理論——経済学の再生』講談社．
山田昌弘，2005，『迷走する家族』有斐閣．
山田昌弘，2009，『なぜ若者は保守化するのか』東洋経済新報社．
山中美由紀編，2004，『変貌するアジアの家族——比較・文化・ジェンダー』昭和堂．
山根真理，2005，「家族を考える視点」吉田あけみ・山根真理・杉井潤子編著『ネットワークとしての家族』ミネルヴァ書房．
湯原悦子，2010，「イギリスとオーストラリアの介護者法の検討」『日本福祉大学社会福祉論集』122：41-52．

索　引

ア　行

IMF経済危機　116
愛情と専門性　32
赤ちゃん訪問　170, 174
アソシエーション　124
新しい公共　30, 106
圧力団体　97
アブラム, F.　85
家制度　44
　　——の廃止　44, 112-113
育児休暇取得率　53
育児支援活動　154, 161, 167
育児ストレス　52-53
育児相談　154, 166
イングランドの非大都市圏地域　88
インフォーマルケア　68, 75, 81
インフォーマルセクター　6, 79, 81
　　——の定義　72
インフォーマル領域　9
上野千鶴子　18
ウォルフェンデン報告　84
受け手としての女性　35
ウルフ, R.　17
英国　5-6, 8-9
　　——の地域住民組織　89-90
NPO法　30, 124, 145
NPO法人　26, 30, 34, 124, 145, 179-180
　　介護系——　179-180
M字型　33
　　——から台形型へ　51
大平総理　114
オグバーン, W.　42
　　——の七機能説　42

カ　行

介護支援専門員　32, 176, 181
介護者支援　82
介護者全国戦略　83
介護の外部化　158
介護保険制度　26, 30, 32, 158, 181
皆保険・皆年金　174
核家族化の進行　116
核家族世帯　50
学童保育所運動　28
家計費の膨張　35
家事介護ワーカーズ・コレクティブ　28
家事再編　15-16
家事役割分担の男女間での再編　16
家事労働　5, 7, 21-22, 31-32, 109, 156
　　——研究　12, 68, 73-75
　　——の経済的評価　18
　　——の社会化　16, 33
　　——の担い手不足　112
課税徴収命令書　93
家族外労働への進出　33
家族・家庭の役割　59, 61
家族感情　32
家族機能　74
　　——の完全消滅過程　41
　　——の縮小　41
　　——の専門化過程　41
家族情緒　61, 181
家族政策・地域政策　11, 109, 115, 121, 132
家族制度復活論争　114
家族の個人化　8, 54-55, 57
家族の主要機能　8
家族の情緒機能　8, 42-43, 59-60
家族の生命再生産機能　8, 42, 58-62

家族の福祉機能　2-3
家族の崩壊　46, 54
家族法改正　115-116, 118
　　――運動　119
合併特例区　136
家庭基盤充実構想　114
家庭生活の個人化　55, 59
家庭での育児　156
　　――の評価　156, 160
家庭での介護　158, 163
　　――の評価　160
韓国　9
　　――家族　116, 120
　　――女性団体連合　121
　　――の家族法　118
　　――の地方自治制度　129
監査委員会　79
感情労働　32
企業労働　5, 8, 26-27
　　――の開拓　58
金大中政府　129
虐待の予防的支援　170, 173
給付と規制　27
行政の委託先　98
共同保育所運動　28
教養・趣味・スポーツのサークル　149
近隣での付き合い　142
近隣との関わりの程度　153
グード, W.　110
クオリティ・ステータス　94, 101
グッドネイバー・スキーム　71
久保田裕之　61
グリフィス報告　75
グローバル　51
　　――化　1, 3, 52, 116
ケア供給の4つのセクター　6
ケアする人　77-78, 81
ケアの需要者　73-74, 77-78
ケアマネージャー　→介護支援専門員
ケアラーズ法　83
ケア労働　5, 7, 155
　　――の社会的・経済的評価　10

　　――の分析枠組み　7, 22-23, 37
　　――の論理　9
ゲゼルシャフト　28-29
結婚移民者　121
結婚の個人化　8, 55-58
ゲノッセンシャフト　29
ゲマインシャフト　27, 177
健康家庭基本法　120-121
健康家庭支援センター　121
交換理論アプローチ　17-18
公共性概念　24-25
合計特殊出生率　57-58, 116
　　――の低下　111
公助領域　2
構造機能主義アプローチ　17
高度経済成長　3, 44, 46
高福祉高負担　25
公務労働　5, 8, 22, 24-25
高齢化率　111
高齢期家族　176
高齢者介護の需要量と供給量　174
高齢者介護問題　45, 49
高齢者同居率　44
高齢者の施設ケアの供給　79
高齢者の社会的孤立　143, 177-178
高齢者の見守りネットワーク　166-167, 178
高齢者を含む世帯　47-50
高齢女性単独世帯数　49
高齢男性単独世帯数　49
国際結婚　117, 121
　　――割合　112
国際婦人年　28
国民負担率　25
互酬性　28-29, 36
　共同体的な――　144
　市民的な――　144
互助領域　2, 11, 180
子育てサークルや子育て支援NPO　173
子育てサロン　170, 173
子育て支援ネットワーク　166-167, 172, 178

古代ギリシャ　20
個としての高齢者　176
子ども虐待（児童虐待）　53
子どもの社会化機能　43, 60
子どもの貧困問題　50
コミュニティ協議会　96-97, 102, 105
コミュニティケア　68-69, 75-76, 78, 181
　——政策　8-9
コミュニティ政策　124
コミュニティ・センター　96
コミュニティソーシャルワーク　178
　——機能　169
　——の視点　181, 183
コミュニティ組織　124
コミュニティ・地方自治省　105
コミュニティ・ビジネス　30, 34
雇用者化　45

　　サ　行

在宅ケアの供給　80
サッチャー，M.　24, 79
サッチャー政権　8, 69, 88
佐藤慶幸　29
サポートネットワーク　176
3世代家族の減少　110, 116
3世代世帯　45, 48-49
ジェンダー　177
　——平等　115-116, 133
　——や世代の違い　161
自己実現の場　59
自主防災組織　123
自助　79
　——・互助・公助のバランス　176
　——領域　2, 11
市場の失敗　2
次世代育成行動計画　168
児童虐待防止法　168
児童虐待問題　166
児童福祉法　168
児童を含む世帯　47, 49-51
市民活動　144, 150
　——への参加意向　152

社会化理論アプローチ　17-19
社会政策　68
　——の対象　73
借家人協会　104-105
集団としての家族　43
住民運動団体　104
住民参加型在宅福祉サービス　180
　——提供団体　28
住民自治委員会　129-131, 133
住民自治センター　129-130, 132-133
住民の地域意識　91-92
出産の個人化　55
主任児童委員　170
生涯未婚率　54, 61
条件不利家族　166
少子高齢化　1, 3, 25, 46, 48, 50, 52, 111
消費財生産　19-21, 46, 68
女性差別撤廃条約　16
女性の労働力　52
　——化　51
ジョンソン，N.　69
新自由主義　1, 25, 29, 50
親密性　61
スウェーデン　25
鈴木栄太郎　136
スティーブンソン，O.　85
生活者としての視点　34
生活の社会化　25
制度としての家族　43
成年後見制度　176
政府セクター　6, 70, 73
性別役割分担　16, 31, 146
生命再生産労働　5, 7, 10, 19-22
　——の下位概念　5, 7
　——の組合せ　35
　——の領域間調整　33
世帯規模　47-48
　——の縮小　110
世帯創設　45
世帯の小規模化　46
世帯分離　45
セマウル運動　127

1981年政府白書　76
1980年代末（1989年）政府白書　77, 79, 82
1985年世帯調査　80-82
1972年地方自治法　88, 90, 93, 96
1992年地方自治法　88, 91, 98-99, 107
1997年地方自治・レイト法　94
専業主婦化　46
戦前資本主義　22
戦後資本主義　22
専門職の役割　9
専門性　20
族譜　118
ソフトノミックス論者　24, 38
村落的生活様式　27

タ 行

対人サービス　16, 20-21, 26, 31, 68
　――労働　19, 33, 37
第二次主婦論争　18
第二次女性解放運動　17
第27次地方制度調査会　125
多文化家族支援法　121
男女共同参画　51-53, 115
男女雇用機会均等法　51
男性介護者支援　31
男性の育児参加　31, 52-53
男性の家事参加時間　19
地域委員会　150, 161
地域開発ワーカー　90, 101-103
地域活動への参加意向　147
地域活動への参加経験　144
地域協議会　126, 133
地域コミュニティ　123, 142
　――の再構築　9
　――の福祉機能　3
地域支援チーム　102-103, 108
地域自治区　38, 125-126, 133, 136
地域住民組織　122, 133
　――の協議機能向上　101
地域政策　9, 132, 134
地域代表性　98, 102, 128, 131

地域の支え合い活動　152-153, 159-161
地域の福祉課題　152
地域フォーラム　101-102
地域福祉の主流化　3, 125
地域福祉の推進　133
地域密着型のボランティア組織　98, 102
地域労働　5-6, 8, 21-22, 27, 156
　市民型――　6, 28-30, 104, 144
　地縁型――　6, 28, 109, 144, 159
　――重視　106
　――の担い手育成　150
地縁型住民組織　122, 125, 127
地方行革　24
地方自治制度再編　88
地方自治・保健サービスへの住民関与法　95
中間集団　1, 11, 110, 177
町内会・自治会　122-123, 144, 149
　――への参加意向　150
テーマ型住民組織　122
テンニース, F.　27, 29
同居家族　32
当事者団体　103
同姓同本婚姻禁止制度　118
「登録準拠地」概念　119
利谷信義　113
都市的生活様式　27

ナ 行

中曽根政権　24
中田実　90
なごや子どもサポート区連絡会議　168, 171
名古屋市の「第7回男女平等参画基礎調査」　53, 55, 63, 141
成瀬龍夫　24
二層制から一層制へ　88
日常生活自立支援事業　176
担い手としての女性　33
仁平典宏　29
日本型福祉社会　115, 135
　――論　16

索　引　203

日本と韓国の立場の逆転　9, 132
日本の家族　111
　　——法　112-113
ネイバーフッド議会　96-97
ネットワーク　10
　　——による予防的支援　167
ノッティンガム県　99-100
ノッティンガム市　99
盧武鉉政府　129

ハ　行

パーソナルネットワーク　54
パーソンズ, T.　17, 42-43
　　——の家族機能論　43
　　——の二機能説　42
橋本政権　25
パスカル, G.　74
母親の就業率　51-52
パリッシュ　90-92, 100
　　——の設置　94-95
パリッシュ議会　90-93, 99
　　——との協議　92, 94
バルマー, M.　85
班常会　127-128, 131
PTAや子ども会への参加意向　151
非大都市圏地域における地方公共団体　89
ひとり親と未婚の子のみの世帯　50
フィンチ, J.　74, 85
夫婦間暴力　3, 53
夫婦共働き　58
フォーマルケア　68, 75
　　——とインフォーマルケアの協働　10
福祉国家　22
　　——批判　78
福祉多元主義　5-6, 10, 69-70
福祉見直し　24
負担感　32
ブラッド, R.　17
フリーダン, B.　17
ブレア労働党政権　83, 89
ブレントン, M.　71
フロー型人材　34

平均世帯人員　45
平成の大合併　125
ベル, D.　26
保育サービス　25-26, 38
保健所保健師　170
ホックシールド, A.　32
ボランタリーサービス評議会　98
ボランタリーセクター　6, 70-71
ボランタリー団体　98, 103
　　——の理念型　70
ボランティア活動　144, 150
　　——への参加意向　152

マ　行

マルクス主義フェミニズム　18-19, 37
　　——論　16
民営化　25, 76
民願　130
民間セクター　6, 71
民法改正　44
無償労働　34-35, 74, 155-156, 158
　　——の可視化　156
明治民法　44
メジャー政権　83

ヤ　行

有配偶出生率　57
邑・面・洞の機能転換　130
ユニタリー　89
要保護児童対策地域協議会　167, 169
予防的子育て支援　169
嫁姑問題　45

ラ　行

離婚率　54, 112, 117
レーガン, R.　24
レギュラシオン理論　26
「労働」「仕事」「行為」の3つの型　20
労働の尊厳イデオロギー　21
労働を支える論理　23, 165
老年化指数　47

著者略歴
1976 年　東京大学文学部卒業
1991 年　英国ノッティンガム大学および米国パデュー大学客員研究員
1992 年　名古屋大学大学院文学研究科博士後期課程単位取得満期退学
現　在　日本福祉大学社会福祉学部教授／大学院社会福祉学研究科長
　　　　博士（社会福祉学）

主要著書
『現代家族と福祉』（1997 年，有信堂高文社）
『グローバリゼーションと家族・コミュニティ』（共編，2002 年，文化書房博文社）
『家族／コミュニティの変貌と福祉社会の開発』（共編，2011 年，中央法規出版）

ケア労働の配分と協働
高齢者介護と育児の福祉社会学

2012 年 5 月 22 日　初　版

［検印廃止］

著　者　後藤澄江
　　　　（ごとうすみえ）

発行所　財団法人　東京大学出版会
代表者　渡辺　浩
　　　　113-8654　東京都文京区本郷 7-3-1 東大構内
　　　　http://www.utp.or.jp/
　　　　電話 03-3811-8814　Fax 03-3812-6958
　　　　振替 00160-6-59964
印刷所　新日本印刷株式会社
製本所　誠製本株式会社

Ⓒ 2012 Sumie Goto
ISBN 978-4-13-056400-7　Printed in Japan

Ⓡ〈日本複製権センター委託出版物〉
本書の全部または一部を無断で複写複製（コピー）することは，著作権法上での例外を除き，禁じられています．本書からの複写を希望される場合は，日本複製権センター（03-3401-2382）にご連絡ください．

武川正吾 著	連 帯 と 承 認	A5・3800 円
武川正吾 編	福祉社会の価値意識	A5・5000 円
武川正吾 白波瀬佐和子 編	格差社会の福祉と意識	A5・3700 円
樋口美雄 府川哲夫 編	ワーク・ライフ・バランスと家族形成	A5・4200 円
阿藤・西岡 津谷・福田 編	少子化時代の家族変容	A5・4800 円
野々山久也 著	現代家族のパラダイム革新	A5・4300 円
安立清史 著	福祉ＮＰＯの社会学	A5・5700 円
宮島 洋 西村周三 京極髙宣 編	社会保障と経済（全3巻）	A5 各4200 円

ここに表示された価格は本体価格です．御購入の際には消費税が加算されますので御了承下さい．